© 2011 Rick Hanson

© 2015 der deutschen Ausgabe: Arbor Verlag GmbH, Freiburg
by exclusive license from Sounds True, Inc.

Die Originalausgabe erschien unter dem Titel:
Meditations for Happiness: Rewire Your Brain for Lasting Contentment and Peace

Alle Rechte vorbehalten
1. Auflage 2015

Titelbild: © 2015 Nicholas Morrey
Lektorat: Lienhard Valentin und Beatrix Schomberg
Druck und Bindung: Kösel, Krugzell
Hergestellt von mediengenossen.de

Dieses Buch wurde auf 100 % Altpapier gedruckt und ist alterungsbeständig.
Weitere Informationen über unser Umweltengagement finden Sie unter
www.arbor-verlag.de/umwelt

www.arbor-verlag.de

ISBN 978-3-86781-108-8

Inhalt

Einführung

In diesem Programm geht es um Glück. Wir werden untersuchen, was Glück ist, und wie Sie mit Ihrem Gehirn arbeiten können, um entspannter, freier, freudvoller und zufriedener zu sein. Wir wollen einen Weg finden, um eine tiefe Zufriedenheit zu erfahren, ungeachtet der äußeren Umstände, in denen Sie sich in Ihrem Leben gerade befinden – egal mit wem Sie zusammenleben, was Sie arbeiten oder wie gesund Sie sind. Wie auch immer diese Umstände sein mögen, Sie können tiefes, wahrhaftes, grundlegendes und verlässliches Glück erfahren.

Die Methoden, die ich beschreiben werde, basieren auf der historisch beispiellosen Verbindung der westlichen Psychologie und Neurobiologie mit den großen kontemplativen Traditionen der Welt. Ich werde mich am stärksten auf die Tradition des Buddhismus beziehen, weil ich diese am besten kenne.

Zudem hat sich der Buddhismus in einen intensiven Dialog mit der westlichen Wissenschaft begeben. Aber ich möchte Sie damit nicht von einer Sichtweise überzeugen. Prüfen Sie selbst, was für Sie einen Sinn ergibt und was für Sie persönlich nützlich ist – alles andere können Sie weglassen.

In diesem Programm werde ich Sie mit faszinierenden Erkenntnissen über die Natur des Glücks und die Rolle des Glücks in der Evolution vertraut machen. Wir werden erfahren, wie uns das Gehirn glücklich machen oder auch in eine Spirale des Leidens führen kann. Das Wichtigste dabei ist, dass wir lernen werden, wie wir unser Gehirn im Laufe der Zeit nutzen und formen können, um im Alltag zufriedener und glücklicher zu sein.

Zusätzlich dazu werde ich verschiedene geführte Meditationen anleiten. Jede dieser Übungen hat die Absicht, verschiedene Aspekte des Glücks in Ihrem Gehirn und Körper zu stimulieren und zu stärken. Jede Meditation wird mit einer kurzen Einführung beginnen, und dann begeben wir uns direkt in die Praxis. Sie können die geführten Meditationen natürlich jederzeit anhalten, wenn Sie länger an einer bestimmten Stelle verweilen möchten, bevor meine nächste Anleitung Sie weiterführt. Die Abfolge der Meditationen ist so gestaltet, dass wir mit bekannteren Inhalten beginnen und uns dann nach und nach in immer tiefere und umfassendere Erfahrungen des Glücks und Wohlbefindens bewegen. Sie können die Meditationen natürlich auch in einer Reihenfolge üben, die Sie selbst wählen. Ich wünsche Ihnen alles Gute damit – für Ihr eigenes Wohlbefinden und die positive Wirkung, die Sie auf Ihr Lebensumfeld haben können.

Damit ist ein Thema angesprochen, das sich durch das ganze Programm zieht: Sie können die äußere Welt verändern und das ist wichtig – und Sie können dies so gut tun, wie es Ihnen möglich ist. Aber weitaus effektiver können Sie Ihre Innenwelt verändern. Die Aufmerksamkeit, die Sie durch dieses Programm auf Ihr Inneres richten, wird mit der Zeit zu Veränderungen führen. Diese Veränderungen werden sich sehr positiv auf Ihr Leben auswirken und immer weiter nach außen ausstrahlen und so auch anderen zugutekommen. Dabei geht es nicht darum, zielgerichtet etwas Bestimmtes erreichen zu wollen – es ist eher wie das Kultivieren eines Gartens. Sie gießen und düngen positive Geisteszustände und in ihrer eigenen Zeit und nach ihrem eigenen inneren Gesetz werden diese wachsen, aufblühen und Früchte tragen.

Was ist Glück?

Aber was ist eigentlich Glück? Wenn ich über Glück spreche, dann meine ich ein grundlegendes, tiefes Wohlbefinden, das mit Gelassenheit und Zufriedenheit einhergeht. Dieses Wohlbefinden wird manchmal die Form einer enthusiastischen Freude annehmen, manchmal können es subtilere Gefühle sein, wie Heiterkeit, Erfülltheit oder innere Ruhe. Aber wie auch immer dieses Glück zum Ausdruck kommen mag, das Glück, das wir in diesem Programm üben werden, ist nicht nur ein vorübergehendes Gefühl von Spaß oder Vergnügen, sondern eine viel tiefere, verlässlichere und wahrere Wirklichkeit. Gewiss ist es vollkommen in Ordnung im Leben eine ganze Bandbreite von Gefühlen zu haben; das ist gesund und natürlich. Wir erleben Gefühle wie Traurigkeit, Wut, Angst, Hilflosigkeit, Scham und Langeweile oder Interesse, Albernheit, Ruhe, Aufregung und Zuneigung. Diese Emotionen kommen und gehen, aber ein tiefes Glück bleibt – auch dann, wenn Sie sich Sorgen machen, gereizt sind oder sogenannte schwierige Gefühle erfahren. Sie können zum Beispiel traurig sein und gleichzeitig ein tieferes Wohlbefinden oder eine grundlegende Zufriedenheit erfahren. Wir können diese schmerzvollen Erfahrungen mit dunklen Wolken vergleichen, die über den Himmel eines tiefen inneren Friedens ziehen.

Auf einer Ebene, die tiefer als die Emotionen ist, haben wir als Menschen unterschiedliche Temperamente. Einige von uns sind natürlicherweise etwas fröhlicher, andere leichter reizbar, gleichmütiger oder trauriger. Diese Temperamente formen eine grundlegende Stimmung, die stabiler als unsere Emotionen ist. Trotzdem ist es möglich, diese Stimmung in einem größeren Raum des Wohlbefindens, der Zufriedenheit, des inneren Friedens und der Erfülltheit im Leben zu umfassen. Ein Beispiel: Sie können gereizt sein, sie empfinden also ein Gefühl; darunter liegt eine melancholische Stimmung. Gleichzeitig können Sie erfahren, dass beides in einer authentischen stillen Freude aufgehoben ist, die sowohl Ihre Emotionen als auch Ihre Stimmung durchdringt.

Natürlich geht es in diesem Programm nicht darum, ständig in einem oberflächlich glücklichen Zustand zu sein. Wir wollen schmerzvolle Gefühle oder schwierige Stimmungen auch nicht als falsch oder schlecht abstempeln. Es wäre beispielsweise dumm und völlig unangemessen, wenn Sie am Telefon die Nachricht erhalten, dass ein nahestehender Mensch – Ihr Vater, Ihre Tochter, eine Freundin – schwer verletzt im Krankenhaus liegt, und Sie dann nach dem Anruf lächelnd vor Glück durch die Gegend laufen. Stattdessen spielen die schmerzvollen Erfahrungen des Lebens eine wichtige Rolle, denn unser Leben ist gleichzeitig voller Freude und Schmerz. Gefühle der Traurigkeit und des Verlustes lassen unser Herz weicher und offener werden. Und wir werden mitfühlender gegenüber anderen und hoffentlich auch gegenüber uns selbst. Emotionen wie Schuld und Reue lehren uns etwas über unser eigenes Handeln und wie wir uns in Zukunft stärker in unserem wohlwollenden Selbst verankern können. Ein starkes Gefühl der Angst kann uns vor ernsten Gefahren oder anderen Problemen warnen. Wut wiederum kann auf Ungerechtigkeit, auf die Verletzung von geliebten Menschen und falsches Handeln hinweisen. Glück bedeutet also nicht, dass wir eine rosarote Brille aufsetzen oder uns von den Schwierigkeiten des Lebens abwenden. Vielmehr bedeutet Glück, dass wir ein stetiges, bleibendes Wohlbefinden, tiefe Zufriedenheit und inneren Frieden nähren, die so fest wie ein Berg sind und zu einer Zuflucht, zu einem Zuhause werden können. Dieses tiefe Glück kann zu einem inneren Ort werden, aus dem wir dem Leben begegnen. Glück in diesem Sinne ist also das Gefäß für die Erfahrungen des Lebens – der Rahmen, der sie alle hält; der Raum, durch den sie hindurchfließen. Durch dieses Glück finden Sie nicht nur einen

Zufluchtsort, zu dem Sie immer wieder zurückkehren können, Sie erhöhen auch Ihren „Sollwert" für Glück. Dadurch kann sich das „Thermostat" Ihrer täglichen Erfahrung zu einer stabileren positiven Stimmung bewegen. Als Folge dessen erfahren Sie langsam aber sicher weniger Sorgen, weniger Verletzung, weniger Wut und Gereiztheit und weniger Minderwertigkeitsgefühle.

Wir wollen alle glücklich sein. Der buddhistische Mönch Matthieu Ricard sagte einmal: „Niemand wacht morgens mit dem Gedanken auf: ‚Möge ich heute den ganzen Tag leiden.'" Glück ist aber nicht nur ein angenehmes Gefühl, Studien haben auch gezeigt, dass Glück und positive Emotionen viele unterstützende Wirkungen haben. Die Emotionen organisieren den Geist als Ganzes, deshalb hat ein Empfinden des Glücks eine Wirkung auf den ganzen Geist. Glück verringert auch die Stressreaktion im Körper, weil die Erregung des sympathischen Nervensystems gehemmt wird. Das sympathische Nervensystem ist für die Stressreaktion von Flucht oder Kampf zuständig. Durch ein Empfinden von Glück wird das beruhigende parasympathische Nervensystem stimuliert, das Gefühle wie Entspannung und Zufriedenheit stärkt. In Studien konnte beispielsweise gezeigt werden, dass positive Emotionen die Wirkung von Stress auf das Herz-Kreislaufsystem reduzieren und so die Gesundheit des Herzens stärken. Glück steigert auch die psychologische Resilienz, unsere Stimmung wird besser und wir schützen uns vor Depressionen, Sorgen und Ängsten.

Neben diesen emotionalen Wirkungen ist Glück auch eine Haltung, eine Perspektive auf die Welt und das Leben. Glück ist grundlegend optimistisch und viele Forscher haben auf die positiven Wirkungen einer optimistischen Grundhaltung hingewiesen, darunter der Schutz vor Depression. Zudem können positive Emotionen wie Wohlbefinden und innerer Frieden – also Glück – den Folgen traumatischer Erfahrungen oder anderer schmerzvoller Erlebnisse in der Vergangenheit entgegenwirken. Wenn Sie sich an eine schmerzvolle Erfahrung in Ihrem Leben erinnern, dann rekonstruiert Ihr Gehirn zunächst diese Erinnerung – einschließlich der emotionalen Assoziationen – aus einigen Schlüsselaspekten. Dann wird die Erinnerung im Gedächtnis neu gebildet, beeinflusst von der Stimmung, in der Sie zu dem Zeitpunkt sind, an dem Sie sich an diese traumatische Erfahrung erinnern. Wenn Sie sich also immer wieder in einer schlechten Stimmung an ein Ereignis erinnern, dann wird die Erinnerung daran immer negativer geprägt sein. Wenn Sie sich im Gegensatz dazu an das gleiche Ereignis mit einem realistischen positiven Geisteszustand erinnern, dann wird diese Erinnerung nach und nach eine neutralere oder positivere Qualität annehmen. Sie vergessen nicht, was tatsächlich geschehen ist, aber die emotionale Aufladung wird sich langsam verringern. Das kann eine große Befreiung sein.

Positive Emotionen sind auch ein Merkmal wichtiger positiver Geisteszustände und sie helfen uns, in Zukunft leichter in diese Zustände zurückkehren zu können. So können wir leichter in einen Geisteszustand des Friedens oder der Stärke eintreten.

Darüber hinaus ist Glück eine wichtige Belohnung dafür, dass wir uns im Leben Herausforderungen stellen. Es ist nicht einfach, wenn wir uns als Menschen charakterlich entwickeln wollen, Güte in die Welt bringen, in unseren Beziehungen angemessen handeln, regelmäßig einer sportlichen Übung oder einer Meditationspraxis folgen. Aber dieses Verhalten unterstützt ein tieferes Empfinden von Glück.

Zudem bewegt uns Glück dazu, anderen zu helfen. Es ist also nicht selbstbezogen oder egozentrisch, wenn wir versuchen, ein glücklicherer Mensch zu werden. Wenn wir andererseits verärgert oder depressiv sind, dann ziehen wir uns oft in uns zurück und verschließen uns vor anderen Menschen. Aber eine innere Erfülltheit und Lebensfreude führt oft dazu, dass wir uns mit anderen verbinden. Wir haben das Gefühl, dass wir eine innere Fülle von Fürsorge haben, die wir auch anderen zukommen lassen können.

All die positiven Wirkungen, die wir hier betrachtet haben, beziehen sich auf Erwachsene und Kinder gleichermaßen. Bei Kindern, die eher ein wildes Temperament haben, kann Glücklichsein sehr wichtig sein, weil sie oft schnell von einem Ereignis zum anderen gehen. Für sie kann es sehr unterstützend sein, wenn sie sich kontinuierlich in einem Zustand des Wohlbefindens erfahren, was sie durch die Empfehlungen in diesem Programm lernen können. So können sie einen Zustand des Wohlbefindens mitnehmen, wo immer sie auch hingehen. Diese Erfahrung wird immer mehr ihr Gehirn formen und langsam aber sicher eine positivere, zufriedenere Stimmung unterstützen.

Im Gegensatz dazu können Kinder, die eher ein ängstliches oder gehemmtes Temperament haben, auch sehr von der Unterstützung profitieren, die sie durch die Stärkung eines inneren Glücks erfahren. Denn sie sehen die Welt oft in einer Haltung, in der das Glas halb leer ist. Deshalb kann die Unterstützung eines bleibenden Glücklichseins und tiefer Zufriedenheit für sie sehr hilfreich sein.

Warum ist Glück wichtig?

Für Menschen, die sich irgendeiner Form der inneren Praxis widmen, allein oder in einer Therapie oder in einer kontemplativen Praxis wie Meditation oder Yoga, ist Glück von großer Bedeutung. In der Perspektive bestimmter spiritueller Traditionen und Praktiken wird davor gewarnt, Glück zu einem neuen Objekt der Begierde, des Verlangens und des Festhaltens zu machen, denn das führt nur zu mehr Leiden. Die entscheidende Frage dabei ist, was für einen bestimmten Menschen zu einem bestimmten Zeitpunkt hilfreich sein kann. Im Buddhismus beispielsweise gibt es eine starke Tradition des Verzichts. Hier wird gesagt, dass wir an nichts anhaften sollten. Die absichtsvolle Kultivierung von Glück ist wie ein Floß, das wir nutzen, um den Fluss des Leidens zu überqueren, um an das andere Ufer zu gelangen. Wenn wir am anderen Ufer angekommen sind, brauchen wir das Floß nicht mehr. Wenn wir einen Zustand des vollkommenen Erwachens und der Erleuchtung erreicht haben, dann erfahren wir laut der buddhistischen Tradition das höchste Glück, das mit innerem Frieden gleichgesetzt wird. Aber bis wir diesen Zustand erreicht haben, ist Glück ein geschicktes Mittel auf dem Weg zu einem erfüllten Leben.

Ich beziehe mich oft auf den Buddha, den Lehrer, den ich am besten kenne. Sie können sich selbst auf eine Tradition beziehen, die Ihnen bekannt ist, wie das Christentum, das Judentum oder andere. Der Buddha sprach vom Glück, das wir in diesem Leben erfahren können. Er sagte auch, dass wir das Herz und den Geist mit positiven Gefühlen der liebenden Güte und Freude über das Glück anderer füllen können. Durch Übungen der Kultivierung von Glück entwickeln wir heilsame Qualitäten im Geist und im Herzen, und wir entfernen und ersetzen unheilsame Qualitäten.

Im Kontext der kontemplativen Praxis bringt uns ein Empfinden von Glück eine Stabilität des Geistes. Diese innere Stabilität hat positive Wirkungen im Alltag bei der Arbeit oder im Familienleben, darüber hinaus ist sie aber auch die Voraussetzung für jede wirkungsvolle Meditation. Es gibt zum Beispiel eine Meditationsanleitung, in der wir uns mit Glückseligkeit füllen können, so wie man einen Schwamm mit Wasser füllt. Interessanterweise werden diese alten Lehren von der Neurowissenschaft bestätigt. Forscher haben herausgefunden, dass hohe Werte des Neurotransmitters Dopamin, der mit Freude in Verbindung steht, dazu beiträgt, das Tor des Gewahrseins für die Flut neuer Erfahrungen geschlossen zu halten. Deshalb unterstützt die Freude eine Stabilität des Geistes in der Meditation und im Leben allgemein. Zudem wird empfohlen, dass wir die höheren Freuden dazu nutzen, uns von niedrigeren und möglicherweise schädlichen Freuden wegzubewegen. In jeder spirituellen Tradition und jedem Vorhaben im Leben kann ein Empfinden von Glück das Vertrauen in die Früchte der eigenen Anstrengungen stärken. Zusätzlich zu den allgemeinen positiven Wirkungen dieses Vertrauens ist es eine wichtige Triebkraft der Praxis und Ausdauer. Im Buddhismus ist das Vertrauen in die Früchte der eigenen Anstrengung einer der sieben Faktoren des Erwachens.

Vielleicht bemerken Sie an diesem Punkt einen Gedanken oder eine Haltung, die heute weitverbreitet ist. Es ist der Gedanke oder das Gefühl, dass Sie es gar nicht verdienen, glücklich zu sein. Wenn dieser Glaube oder diese Überzeugung anwesend ist, dann sollten Sie dies in Ihr Gewahrsein bringen. Akzeptieren Sie, dass diese Überzeugung anwesend ist, und untersuchen Sie sie genau.

Wenn Sie jetzt die Überzeugung haben, dass Sie es nicht verdienen, glücklich zu sein, wie fühlt sich das an? … Wie spüren Sie es im Körper? … Welche Gedanken sind damit verbunden? … Welche Wünsche oder Sehnsüchte sind mit diesem Gefühl verbunden? … Welche Erfahrungen in Ihrem Leben und insbesondere aus der Kindheit könnten mit dem Gefühl verbunden sein, dass sie es nicht verdienen, glücklich zu sein? …

Solche Reflexionen können manchmal unangenehm sein. Aber vielleicht können Sie auf diese Weise erkennen, warum Sie diese Überzeugung haben, dass Sie es nicht verdienen, glücklich zu sein. Vielleicht empfinden Sie es als selbstbezogen oder eitel. Vielleicht haben Sie Angst davor, dass Sie verletzt werden. Oder dass Sie Ihren Selbstschutz vernachlässigen, wenn Sie glücklich sind, und dann angegriffen werden können. Oder Sie haben das Gefühl, dass Sie eigentlich ein schlechter Mensch sind, der nicht glücklich sein sollte; Sie sollten sich vielmehr für Ihr Schlechtsein schämen.

Durch diese Reflexionen können Sie sehen, dass diese Gefühle nicht grundlos sind, sondern auf Bedingungen in Ihrem Leben basieren. Meist sind es vor allem die Botschaften, die wir von anderen Menschen erhalten haben, oder die Schlussfolgerungen, die wir als kleines Kind getroffen haben, die diese Überzeugungen begründen.

Deshalb können wir sagen, dass die Idee, dass Sie es nicht verdienen, glücklich zu sein, eine Art Täuschung ist. Sie kann sogar eine negative Beschäftigung mit sich selbst sein, die Ihnen und anderen Menschen schadet. Es gibt eine Geschichte vom Dalai Lama, zu dem jemand kam und sagte, dass er das Gefühl hat, dass er es nicht verdient, glücklich zu sein. Deshalb war es schwer für ihn, die positiven Wirkungen der Meditation oder anderer Aspekte des spirituellen Lebens wirklich zu entfalten und Früchte tragen zu lassen. Viele Menschen, die den Dalai Lama schon oft gehört hatten, sagten, dass er so deutlich reagierte, wie sie es noch nie erlebt hatten. Er sagte zu dem Mann: „Nein, das ist vollkommen falsch; das ist eine Täuschung." Es ist eine Täuschung im Geist, wenn wir das Gefühl haben, dass wir es nicht verdienen, glücklich zu sein. Mit diesem Glauben verletzen wir uns selbst und andere Menschen. Wir sollten diesen Glauben loslassen und uns auf das Leben einlassen.

Wir sind nun gemeinsam durch die positiven Wirkungen des Glücklich-seins gegangen. Dazu gehören auch die vielen positiven Wirkungen, die unser Glück auf andere haben kann. Wenn Sie einen anderen Menschen so genau kennen würden, wie Sie sich selbst kennen, würden Sie sich dann nicht wünschen, dass dieser Mensch vor Schaden geschützt sein möge, dass er gesund sein möge, dass er zufrieden und frei von Leiden sein möge und dass er glücklich sein möge? Natürlich würden Sie es diesem Menschen wünschen. Vielleicht verdienen Sie nicht mehr Glück als die anderen sieben Milliarden Menschen auf dem Planeten, aber Sie verdienen ganz sicher auch nicht weniger.

In vielen der Meditationen, die wir zusammen üben werden, kultivieren Sie Mitgefühl und Wohlwollen für sich selbst. Daraus können wahres Selbstwertgefühl und die wachsende Kraft der Güte entstehen, die Sie nach und nach in Ihrem Leben durch Ihre eigenen ehrlichen Anstrengungen kultivieren können. Aber schon jetzt können Sie den Gedanken annehmen, dass es zutiefst sinnvoll ist, wenn Sie stärker in Wohlbefinden, Zufriedenheit und Frieden verwurzelt sind.

Können wir unser Glück verstärken?

Bei all diesen positiven Wirkungen des Glücklichseins bei Erwachsenen und Kindern, im Alltag und in der spirituellen Praxis, stellt sich die Frage: Können wir unser Glück verstärken? Die Antwort darauf ist ein eindeutiges *Ja*. Dabei müssen wir aber Folgendes beachten: Beim Glück geht es nicht um die Umstände, in denen wir uns befinden. Es gibt viele Menschen, die in guten Umständen leben, aber unglücklich sind. Und es gibt viele Menschen, die in schwierigen Umständen leben, aber tiefe Zufriedenheit und inneren Frieden erfahren. Ein Freund von mir hat viele Länder der Erde bereist und mir gesagt, „Weißt du, Rick, die ärmsten Menschen in der Welt sind oft die glücklichsten." Viele Studien haben gezeigt, dass kaum eine Verbindung zwischen den Umständen eines Menschen und seinem Gefühl von Glück besteht. Ein Beispiel: Man hat Menschen, die im Lotto gewonnen haben, und solche, die nach einem schweren Unfall behindert sind, ein Jahr nach dem folgenschweren Ereignis begleitet. In allen Fällen zeigt sich zu Beginn eine starke Veränderung. Die Lottogewinner sind zunächst sehr glücklich, die Menschen mit einem schweren Unfall sind natürlich sehr unglücklich, voller Sorgen und traurig. Aber nach etwa einem Jahr empfand jeder dieser Menschen das gleiche Maß von Glück wie vor dem Ereignis. Es geht also nicht wirklich um die Umstände. Es ist natürlich völlig in Ordnung, wenn wir versuchen, unsere äußeren Umstände zu verbessern. Wir können uns Ziele setzen und langfristige Pläne schmieden. Aber letztendlich hängt Ihr Glück vor allem davon ab, wie Sie diese Situationen und die Resultate Ihrer Pläne erfahren. Ausschlaggebend sind nicht die Situationen oder die Resultate selbst.

Wie alles andere im Leben auch, sind Glücklichsein und Unglücklichsein die Folge von Ursachen und Bedingungen. Wenn wir die Ursachen und Bedingungen verändern, dann erhalten wir auch andere Resultate. Es ist ein Naturgesetz, so wie die Schwerkraft. Ein Beispiel: Es ist völlig verständlich, dass Blumen besser wachsen, wenn wir Sie in fruchtbarer Gartenerde pflanzen und nicht in den Betonritzen auf einem Parkplatz.

Die einflussreichsten Ursachen und Bedingungen, die zum Glück führen, befinden sich in unserem Kopf. Was können wir tun, wenn die Welt voll von Steinen, Dornen und scharfen Gegenständen ist, die unsere Füße verletzen?

Wir können die Welt mit Watte bedecken, also die Umstände verändern. Oder wir können Schuhe anziehen und damit bei uns selbst ansetzen. Als Kind wurde ich von liebevollen und fürsorglichen Eltern aufgezogen, aber aus verschiedenen Gründen war ich ziemlich unglücklich. Aber im Laufe der Jahre gab es einen tiefen Wandel in meinem grundlegenden Wohlbefinden. Diese persönliche Erfahrung, die ich mit vielen anderen Menschen teile, wird durch viele wissenschaftliche Studien unterstützt. Es gibt viele Studien darüber, wie Menschen ihr grundlegendes Gefühl des Glücklichseins verstärken können. Sie haben also mit der Zeit den Ausgangswert des Thermostats ihres eigenen Glücklichseins erhöht. Zudem konnten auch Veränderungen im Gehirn gemessen werden, wenn Menschen glücklicher sind.

Obwohl all unsere Gefühle auf der zugrunde liegenden neurologischen Aktivität basieren, könnte auch eine geheimnisvolle spirituelle Dimension beteiligt sein, die wir nicht nachweisen können. Aber wie dem auch sei, eines können wir ganz sicher sagen: Jede Erfahrung von Glück verändert unser Gehirn. Wiederholte Erfahrungen von Glück können es dauerhaft in einen positiveren Zustand bringen. Der flüchtige Strom des Bewusstseins hinterlässt bleibende Spuren im Gehirn, so wie ein Regenguss kleine Rinnsale auf einem Hügel hinterlässt. Die Ursache für diese Veränderungen im Gehirn, die manchmal als Neuroplastizität bezeichnet wird, liegt in folgendem

Grundsatz: „Neuronen, die zusammen aktiviert werden, verbinden sich."
(Neurons which fire together, wire together) Dieser bekannte Ausspruch des
Psychologen Donald Hebb besagt, dass die Aktivierung eines bestimmten
neuronalen Netzes die Stärke der Verbindungen in diesem Netz erhöht.
Das bedeutet, dass unsere Erfahrungen nicht nur wichtig sind wegen ihrer
Wirkung auf unsere momentane Lebensqualität. Vielmehr bilden unsere
Erfahrungen bleibende Veränderungen in der physischen Struktur unseres
Gehirns. Diese Veränderungen haben eine Wirkung auf unser Wohlbefinden,
unser Handeln und manchmal auch auf unsere körperliche Gesundheit.
Natürlich verändert sich dadurch auch unsere Wirkung auf andere. In diesen
Erkenntnissen finden wir einen neurologisch begründeten und moralischen
Grund, um mit unseren eigenen Erfahrungen so umzugehen, als wären sie
wirklich wichtig. Denn sie sind wichtig.

Ich möchte Ihnen nun einige Beispiele für Forschungsstudien geben, die
zeigen, dass Glück in der Tat Ihr Gehirn verändert. Es wurden Gehirnscans
bei Mönchen mit langer Meditationserfahrung durchgeführt. Bei diesen
Mönchen, die über ein stärkeres Gefühl des Glücks berichteten, konnte gezeigt
werden, dass sich die Muster der Gehirnwellen signifikant von denen nicht
meditierender Testpersonen unterschieden. Die Hirnwellen von Menschen
mit langer Meditationserfahrung kehrten schneller wieder zum Ruhezustand

zurück, nachdem ihnen ein sehr verstörendes Bild gezeigt wurde oder sie einen lauten Ton hörten. Bei weiteren Studien konnte bei glücklicheren Menschen oder solchen, die Übungen des Glücks anwenden (z.B. Meditation), gezeigt werden, dass der linke Frontallappen des Gehirns im Vergleich mit dem rechten Frontallappen stärker und aktiver wird. Das ist wichtig, weil der linke Frontallappen des Gehirns positive Geisteszustände unterstützt, und der rechte Frontallappen eher negative Emotionen fördert. Beide Formen von Emotion sind natürlich wichtig, deshalb hat sich das Gehirn mit seinen zwei Seiten entwickelt, die zu diesen unterschiedlichen Emotionen fähig sind. Andererseits ziehen wir natürlich die glücklicheren Emotionen vor. Es konnte gezeigt werden, dass glückliche Menschen eine stärkere Aktivität im linken Frontallappen aufweisen, was darüber hinaus darauf hindeutet, dass Menschen mit einer solchen verstärkten Aktivität im linken Frontallappen, ein Annäherungsverhalten bei schwierigen oder schmerzlichen Emotionen aufweisen. Mit anderen Worten – sie neigen nicht so sehr dazu, sich abzuwenden, defensiv oder aggressiv zu reagieren, sondern sie sind in der Lage in einem offenen, rezeptiven Zustand zu bleiben. Natürlich gibt es auch viele positive Haltungen und Fertigkeiten, welche die moderne Wissenschaft noch nicht im Gehirn nachweisen kann.

Zusätzlich zu diesen strukturellen Veränderungen im Gehirn gibt es auch kleinere molekulare Veränderungen, die mit Glück zusammenhängen. Dabei handelt es sich um Veränderungen bei den wichtigen Neurotransmittern und Hormonen. Ich werde hier fünf dieser wichtigen Hormone ansprechen.

Serotonin ist ein Neurotransmitter, der mit positiver Stimmung, Schlaf und Verdauung verbunden wird. Deshalb versuchen viele Antidepressiva, dieses Hormon zu stimulieren. Viele Übungen, die zu einem stärkeren Empfinden von Glück führen, wobei vor allem die Meditation untersucht wurde, erhöhen den Serotoninspiegel im Gehirn.

Ein weiterer Neurotransmitter ist Dopamin, das am Belohnungssystem des Gehirns beteiligt ist. Wir sehen die Kraft dieses Hormons, wenn wir bedenken, dass Kokain und andere stimulierende Drogen sich an die Dopaminrezeptoren im Gehirn anheften. Die Intensität des Rausches, über den Kokainabhängige berichten, gibt uns einen Eindruck von der Kraft des Dopamins im Gehirn. Auch der Dopaminspiegel steigt, wenn wir mehr positive Erfahrungen machen.

Ein weiteres wichtiges Hormon ist Noradrenalin, das sich vermehrt, wenn wir die enthusiastischen oder aufgeregten Aspekte des Glücks erleben. Noradrenalin hat eine umfassende Wirkung, weil es das Gehirn darauf hinweist, wenn neue Informationen aufgenommen werden. Deshalb ist es wichtig, dass wir den Noradrenalinspiegel im Gehirn erhöhen, wenn wir etwas lernen oder andere etwas lehren wollen. Das Noradrenalin signalisiert dem Gehirn: „Hey, neue Informationen kommen herein. Pass auf und nimm die Informationen auf."

Ein weiteres wichtiges Hormon ist Oxytocin, das vor allem bei stillenden Müttern sehr hoch ist, aber es ist bei allen Frauen und Männern vorhanden. Stillende Mütter zeigen aber, dass mit diesem Hormon tröstende, liebevolle Gefühle einhergehen. Dieses Hormon wird im Gehirn freigesetzt, wenn wir Formen von Glück erfahren, die mit Trost, Geborgenheit und Liebe verbunden sind – wenn wir beispielsweise einen geliebten Menschen innig umarmen. Auch dieses Hormon vermehrt sich, wenn wir glückliche und positive Emotionen empfinden.

Eine letzte Form von Hormonen, die wir betrachten wollen, sind die Endorphine. Dies sind opiumähnliche natürliche Substanzen im Gehirn, die freigesetzt werden, wenn wir etwas tun, was uns glücklich macht.

Wir können aus diesen Betrachtungen lernen, dass es viele Möglichkeiten gibt, die sowohl die neuronalen Verschaltungen im Gehirn als auch die winzigen chemischen Substanzen darin verändern. Es gibt also viele Methoden, die wir im Umgang mit unserem eigenen Gehirn nutzen können, um es positiv zu verändern, so dass wir mehr Glück erfahren. Wenn Ihnen eine Methode nicht so liegt oder Sie Probleme damit haben, dann gibt es noch viele andere Wege, die Sie gehen können. Allein diese Idee, dass Sie Möglichkeiten, Ressourcen,

Optionen und viele verschiedene Methoden zur Verfügung haben, kann schon Ihr Glücksempfinden fördern. Denn diese Erkenntnis durchbricht den Pessimismus, eine erlernte Hilflosigkeit oder gar Verzweiflung.

Viktor Frankl, ein Psychologe, der das Konzentrationslager in Auschwitz überlebte, sagte: „Wer von denen, die das Konzentrationslager erlebt haben, wüsste nicht von jenen Menschengestalten zu erzählen, die da über die Appellplätze oder durch die Baracken des Lagers gewandelt sind, hier ein gutes Wort, dort den letzten Bissen Brot spendend? Und mögen es auch nur wenige gewesen sein – sie haben Beweiskraft dafür, dass man dem Menschen im Konzentrationslager alles nehmen kann, nur nicht die letzte menschliche Freiheit, sich zu den gegebenen Verhältnissen so oder so einzustellen. Und es gab ein so oder so."

Glück und die Evolution des Gehirns

Wir werden einige der Methoden nutzen, die uns helfen unser Gehirn so zu verändern, dass wir mehr Glück erfahren. Dafür ist es hilfreich, etwas über das Gehirn zu wissen. Besonders erhellend ist es, wenn wir das Gehirn im Kontext der Evolution verstehen. Alle neuronalen Verschaltungen und biochemischen Systeme, durch die wir mehr Glück entwickeln können, wurden im Laufe der Evolution gebildet. Als Erstes ist zur Evolution zu sagen, dass sie schon lange Zeit stattfindet. Die ersten Fossilienfunde, die auf mikroskopisches Leben hindeuten, gehen dreieinhalb Milliarden Jahre zurück. Das Leben formte sich also schon relativ schnell im Laufe von einigen hundert Milliarden Jahren, nachdem die Erde so weit abgekühlt war, dass festes Gestein entstehen konnte, auf dessen Oberfläche Wasser vorkam. Nach etwa drei Milliarden Jahren des mikroskopischen Lebens formten sich schließlich mehrzellige Lebewesen. Wenn ich eine Erkältung habe, sage ich mir deshalb, dass diese kleinen Viren oder Bakterien drei Milliarden Jahre Vorsprung hatten.

Vor etwa 650 Millionen Jahren entwickelten sich mehrzellige Lebewesen, die ein Nervensystem brauchten. Diese Organismen hatten einen sensorischen Teil, den jeder Organismus braucht, um die eigene Innenwelt und die Außenwelt wahrzunehmen und zu differenzieren. Und sie hatten einen motorischen Teil, der nötig ist, um etwas zu tun. Diese beiden Teile waren in diesen Organismen aber weit voneinander entfernt, weshalb viele Zellen miteinander verbunden werden mussten. Das war der Beginn des Nervensystems.

Die mehrzelligen Organismen entwickelten sich von ganz kleinen Lebewesen zu den kleinen Fischen, den größeren Fischen, den Landtieren, den Dinosauriern, den frühesten Säugetieren, die vor 100 Millionen Jahren entstanden, bis zu den Primaten, die sich vor 40 bis 60 Millionen Jahren entwickelten. Bis dann vor zehn Millionen Jahren die Hominiden entstanden und vor zweieinhalb Millionen Jahren unsere Vorfahren, die begannen, Werkzeuge zu benutzen. Bis zu uns, die wir jetzt gemeinsam durch dieses Programm gehen. Während dieser Evolution haben sich die neuronalen Verschaltungen der Emotionen und des Glücks entwickelt.

In der Evolution des Nervensystems begannen die Emotionen etwa bei den ersten Vögeln und Säugetieren. Vögel und Säugetiere müssen in ihrem täglichen Überleben dem gleichen Verhalten folgen, wie die Reptilien und Fische. Sie müssen etwas fressen und vermeiden, dass sie gefressen werden. Aber Vögel und Säugetiere haben ein größeres Gehirn. Was ist der Grund dafür? Die Ursache liegt in einer zusätzlichen Aufgabe, die sie erfüllen müssen. Der Unterschied zwischen Vögeln und Säugetieren und Reptilien und Fischen liegt darin, dass Vögel und Säugetiere Paarbindungen eingehen – sie paaren sich und ziehen ihre Jungen auf. Dafür brauchten sie ein größeres Gehirn, denn es ist gar nicht so leicht herauszufinden, mit wem sie sich paaren sollen – selbst für einen kleinen Vogel oder eine kleine Ratte, die vor 100 Millionen Jahren lebten. Sie mussten schon ein komplexes Verhalten zeigen: sie mussten sich paaren, eine Zeit lang bei dem Partner bleiben, um gemeinsam die Jungen aufzuziehen. Für dieses Verhalten brauchten sie ein größeres Gehirn.

Ist es nicht wunderbar, dass die Evolution des Gehirns von der Paarbindung und der Fürsorge für den Nachwuchs angetrieben wurde? Das bedeutet, dass das Gehirn mit der Evolution von Fürsorge, Empathie und Liebe verbunden ist. Die Evolution der Emotionen wurde dann in der Entwicklung der Primaten mit großer Geschwindigkeit vorangetrieben. Die zunehmende Größe des

Gehirns bei Primaten steht mit dem Sozialverhalten in den Primatengruppen in Verbindung. Das ist auch kein Wunder: Diese Primaten mussten mit so vielen Artgenossen in ihrer Gruppe gleichzeitig zurechtkommen. Sie mussten Verbindungen mit ihren Artgenossen bilden, sie mussten herausfinden, wer das Alphamännchen und das Alphaweibchen ist und aushandeln, wer wessen Rücken kratzt. Für dieses Verhalten brauchten sie ein größeres Gehirn, um sich mit ihren Artgenossen zu verbinden und zu kooperieren, was wiederum ihrem Überleben diente. Diese Evolution der Emotionen wurde in den letzten zwei Millionen Jahren der menschlichen Evolution noch einmal stark beschleunigt. Die ersten Steinwerkzeuge gab es vor etwa zweieinhalb Millionen Jahren. Seitdem hat sich die Größe des Gehirns verdreifacht. Viele der Teile des Gehirns, die sich in dieser Zeit entwickelt haben, sind eng mit der Verarbeitung und Regulierung von Emotionen verbunden, wozu auch das Reagieren auf die Emotionen anderer gehört. Es ist schon beeindruckend, wenn wir anerkennen, das Beziehungen und Gefühle die stärksten Triebkräfte in der Evolution des Gehirns bei Säugetieren, Primaten und Menschen waren. Es war nicht die Benutzung von Werkzeugen, Gewaltanwendung oder Kriegsführung, sondern vielmehr waren Empathie, Kooperation und Liebe die Kräfte, die dieses erstaunliche Gehirn hervorgebracht haben. Durch dieses Gehirn können Sie jetzt diese Worte verstehen, Sie können denken und planen, einen Film schauen, mit Freunden sprechen, hoffen und träumen. Die treibende Kraft hinter alldem war Fürsorge, Kooperation, Empathie und Liebe.

Mutter Natur hätte nicht all diese neurologischen Ressourcen genutzt, wenn das Gehirn nicht einen großen Überlebensvorteil gebracht hätte. Das Gehirn macht nur zwei Prozent des Körpergewichts aus, verbraucht aber 20 Prozent des Sauerstoffs und der Glucose. Der Grundmechanismus der Evolution ist Anpassung und die Weitergabe der Gene. Glück und andere positive Emotionen nutzen diesen Mechanismus auf verschiedene Weise. Positive Emotionen sind eine Belohnung für erfolgreiches Verhalten – Flucht, Kampf oder Paarung. Glück verbindet uns mit anderen und lässt uns Bindungen eingehen. Glückliche Emotionen unterstützen einen positiven Geisteszustand wie bei der Freude über ein neugeborenes Kind, einer erfolgreichen Jagd oder der Wiederkehr des Frühlings. Glück hemmt die Wirkung von chronischem Stress, stärkt die Resilienz und gibt uns emotional wieder Kraft. Dies sind alles Dinge, die man in einer harten Umgebung sehr gut gebrauchen kann, wo man jeden Tag aufs Neue etwas zu essen finden muss – und sich vor Raubtieren schützen muss, die einen selbst fressen wollen.

Trotz all dieser positiven Wirkungen des Glücklichseins und anderer positiver Emotionen deuten die Ereignisse in der evolutionären Geschichte unseres Gehirns darauf hin, dass die negativen Emotionen den größten Überlebensvorteil brachten. Deshalb neigt unser Gehirn zu negativen Emotionen. Im Jahre 2001 veröffentlichten Roy Baumeister und seine Kollegen eine Forschungsstudie, die schnell große Bekanntheit erlangte und folgenden Titel trug: „Schlecht ist stärker als gut." Die Forscher hatten eine Vielzahl von Studien ausgewertet und gezeigt, dass negative Gedanken oder Gefühle eine stärkere Wirkung haben als positive Gedanken oder Gefühle. Einige Beispiele: Im Englischen gibt es viel mehr Wörter für negative Erfahrungen als für positive. Eine gute sexuelle Beziehung unterstützt eine Ehe nur ein wenig, während eine schlechte sexuelle Beziehung die Ehe leicht zerstören kann. Typischerweise braucht ein Paar fünf positive Interaktionen, um die Wirkung einer einzigen negativen Interaktion auszugleichen.

Die gute Nachricht dabei ist, dass jeder, der es wirklich möchte, diese Neigung – die natürliche Vorliebe für das Negative – überwinden kann. Das ist das Anliegen der Meditationen in diesem Programm. Aber zunächst sollten wir besser verstehen, woher diese Vorliebe für das Negative kommt. Daraufhin können wir lernen, wie wir sie überwinden, verändern und in eine neutrale und sogar positive Richtung lenken können.

Die Vorliebe des Gehirns für das Negative verändern

In unserer evolutionären Geschichte waren es die negativen Erfahrungen, die die größten Bedrohungen für das eigene Überleben signalisierten. Unsere Vorfahren, die ihre Gene weitergeben wollten, achteten sehr genau auf negative Erfahrungen. Die Evolution der Säugetiere dauerte 80 oder 100 Millionen Jahre und begann mit kleinen Tieren, die sich gegen die Dinosaurier behaupten mussten, um in einem weltweiten „Jurassic Park" ihre Jungen aufzuziehen. Ständig schauten sie sich um, das leiseste Knacken eines Zweiges war für sie eine Warnung, um zu erstarren, zu fliehen oder anzugreifen. So wie wir es heute bei einem Kaninchen oder einem Eichhörnchen beobachten können. Die neuronalen Verschaltungen, die diese Reaktionen vermitteln, sind in Ihrem Gehirn wirksam, wenn Sie im Stau stehen, mit

Ihrem Partner streiten, in der Nacht ein merkwürdiges Geräusch hören oder wenn Sie im Briefkasten einen unerwarteten Brief vom Finanzamt finden.

Als Erstes gibt die Amygdala, ein Teil des Gehirns, der einem Schaltpult ähnelt, dem ankommenden Stimulus eine emotionale Qualität: angenehm, unangenehm oder neutral. Daraufhin leitet die Amygdala eine Reaktion ein, die in Annäherung, Vermeidung oder Desinteresse besteht. Die Amygdala ist neurologisch so geprägt, dass sie vor allem bedrohliche und negative Erfahrungen registriert. Sie ist also eine Art Alarmglocke und in gewisser Weise ist es ihre Aufgabe, nach dem Bedrohlichen Ausschau zu halten.

Nehmen wir an, Ihre Eltern, Ihr Partner, ein Freund oder ein Vorgesetzter gibt Ihnen Feedback. Machen Sie dann nicht auch die Erfahrung, dass Ihre Aufmerksamkeit direkt zu der Kritik geht und die vielen lobenden Aussagen gar nicht bemerkt. Bei mir ist es ganz sicher so.

Wenn ein Ereignis als negativ beurteilt wird, dann wird es in einem zweiten Schritt sofort im Amygdala-Hippocampus-Netzwerk gespeichert, um später darauf zurückgreifen zu können. Von da an werden gegenwärtige Ereignisse mit der Erinnerung an schmerzvolle Erfahrungen in der Vergangenheit verglichen. Wenn es hierbei irgendwelche Ähnlichkeiten gibt, dann läutet die Alarmglocke. Und diese Wirkung verstärkt sich im Laufe der Zeit, gemäß des Sprichworts „Gebranntes Kind scheut das Feuer". Das Gehirn ist nicht nur so geprägt, dass es nach dem Negativen Ausschau hält, es greift vielmehr nach diesen Informationen und lässt sie nicht mehr los. Natürlich bemerken wir auch positive Erfahrungen und können uns daran erinnern. Aber in der Regel ist das neuronale Netzwerk im Gehirn, das positive Erfahrungen aufnimmt, wie ein Notizblock mit Stift – im Gegensatz zum Netzwerk für negative Erfahrungen, das eher einer modernen Videokamera gleicht, die mit einem Computer mit einigen Tetrabyte Speicherplatz verbunden ist.

Wenn Sie am Abend auf Ihren Tag zurückblicken, worüber reflektieren Sie dann? Die vielen leicht angenehmen Momente oder dieser eine Moment, der unangenehm oder besorgniserregend war? Woran denken Sie, wenn Sie auf Ihr Leben zurückblicken? Die unzähligen freudvollen Momente und Erfolge oder die Handvoll Verluste und Fehlschläge? Die meisten von uns haben diese Neigung zum Negativen.

Der dritte Aspekt ist, dass das Negative in der Regel das Positive übertönt. Wir erinnern uns beispielsweise an ein einziges negatives Ereignis mit einem Hund viel besser, als an tausend positive Begegnungen mit Hunden. Wenn wir schon bei den Hunden sind, sollten wir auch die Studien über die „erlernte Hilflosigkeit" ansprechen, die von Martin Seligman und seinen Kollegen durchgeführt wurden. Die Studien bestärken diese Tatsache in eindringlicher Weise, denn in den Untersuchungen brauchte es nur eine kurze Zeit, um bei einem Hund ein Gefühl der Hilflosigkeit zu erzeugen. Die Verschaltungen im Gehirn für emotionale Erinnerungen sind beim Hund sehr ähnlich wie beim Menschen. Um dieses Training wieder zu verlernen, waren große Anstrengungen notwendig. Es scheint, dass wir so prädisponiert sind, dass wir in der Welt und in uns selbst mit dem Schlimmsten rechnen und das Positive unbeachtet lassen.

Ein vierter Aspekt sind unsere eigenen Erfahrungen mit dem Negativen. Sie formen unseren Blick auf die Welt, uns selbst, unsere Persönlichkeit, unser Verhalten in Beziehungen und unsere Haltung dem Leben gegenüber. Wenn man im Extremfall ein Trauma oder eine schwere Depression erlebt hat, dann kann der Hippocampus 10 bis 20 Prozent kleiner werden. Dadurch verringert sich die Fähigkeit des Gehirns, sich an positive Erfahrungen zu erinnern. Dieses Training in einer negativen Haltung im Leben kann dazu führen, dass wir noch mehr Negatives wahrnehmen. Der Grund dafür ist, dass wir entweder danach suchen oder aber ungewollt dafür sorgen, dass wir mehr Negatives erleben. Daraus kann ein Teufelskreis entstehen, der uns dazu veranlasst, auch in Zukunft vor allem das Negative zu sehen oder anzuziehen.

In Wirklichkeit sind aber die allermeisten Erfahrungen, die wir im Leben machen, neutral oder positiv. Wir haben einen völlig verzerrten Blick entwickelt: Jeden Tag trifft der Geist der meisten Menschen ein verzerrtes Urteil über ihren Charakter, ihr Leben und die Möglichkeiten in der Zukunft. Diese Vorliebe für das Negative zeigt sich in unserem Leben auf vielerlei Weise. Wir wollen hier drei dieser Ausdrucksformen etwas näher betrachten: Selbstkritik, der Widerstand gegen die Dinge, so wie sie sind, und Neid oder Eifersucht gegenüber anderen. Während wir diese Aspekte näher betrachten, können Sie selbst sehen, wie wir uns selbst unglücklich machen, wenn wir uns einer oder mehrerer dieser Reaktionen überlassen. Einen großen Teil des Unglücks, das wir erfahren, haben wir selbst geschaffen – wir tun es uns selbst an. Bei dieser Erkenntnis werden Sie vielleicht etwas zusammenzucken. Aber das ist tatsächlich eine sehr hoffnungsvolle Erkenntnis. Denn wenn Sie selbst zum großen Teil für ihr Unglücklichsein verantwortlich sind, dann können Sie auch aus eigener Kraft Glück entwickeln. In den Meditationen werden wir Wege erforschen, wie wir mit diesen Tendenzen umgehen können.

Beginnen wir mit der Tendenz zu Selbstkritik. Feedback ist natürlich wichtig, weil wir dadurch lernen können. Es ist auch wichtig, dass wir unser Verhalten korrigieren, und manchmal ist auch eine gesunde Reue angebracht. Aber die meisten von uns sind sehr strenge Richter über sich selbst. Wenn Sie hören würden wie jemand so gnadenlos mit einem Kind spricht, wie wir oft im Geist mit uns selbst sprechen, dann fänden wir das abstoßend. Diese

Zurechtweisungen sind ungerecht, nicht hilfreich und unangemessen. Vor einigen Tagen sprach ich zum Beispiel mit meiner Tochter im Teenageralter. Ich fragte sie, ob sie beobachtet hat, wie sich andere Menschen unglücklich machen. Sie brachte als Beispiel die Frauen, die sich selbst an den Bildern von gut aussehenden Frauen in der Werbung messen. Aber die meisten dieser Bilder wurden digital bearbeitet, sie wurden also verändert, um eine Illusion zu erzeugen. Wir fühlen uns minderwertig oder schämen uns, weil wir nicht mit einem Bild übereinstimmen, das in Wirklichkeit künstlich erzeugt wurde. Das ist ein Beispiel für eine ungerechtfertigte Selbstkritik.

Eine andere Tendenz, die uns unglücklich macht, ist unser Widerstand gegen die Dinge, so wie sie sind. Man kann eine Situation akzeptieren, ohne sie zu mögen. Wir sind einfach in der Wirklichkeit und leben mit den objektiven Wahrheiten. Die Dinge so zu akzeptieren, wie sie sind, bedeutet auch, dass wir sie verändern können. Aber wenn wir dem Leben und den Tatsachen Widerstand leisten, dann gehen wir sofort in das Land des Leidens. Denn die Wirklichkeit ist so, wie sie ist, ob sie uns gefällt oder nicht. Wenn wir uns der Wirklichkeit widersetzen, dann sind wir enttäuscht, frustriert, fühlen uns im Stich gelassen und im Kampf mit der Welt. Diese Haltung ist nicht notwendig und führt nur zu Schmerzen und höchstwahrscheinlich nicht zu wirklich nachhaltigen Verbesserungen.

Kommen wir nun zu unserer Tendenz zu Neid und Eifersucht. Dazu ist zunächst einmal zu sagen, dass ich jede Wette eingehe, dass es uns besser geht als 99 Prozent der Menschen, die je auf diesem Planeten gelebt haben. Bei mir ist es ganz sicher so, und es trifft auf die meisten Menschen heute zu – vor allem in den westlichen Ländern. Natürlich geschehen auch heute in der Welt schreckliche Dinge. Etwa eine Milliarde Menschen geht jeden Abend hungrig ins Bett. Aber trotz dieser Wirklichkeit ist es wichtig, dass wir uns selbst angemessen betrachten: Unsere Nahrung, Annehmlichkeiten, medizinische Versorgung, Bildung, Lebenserwartung, Unterhaltung, relative Freiheit von Schmerzen und die Möglichkeiten, die wir unseren Kindern geben können, sind um Weites besser, als bei den reichsten Menschen vor hundert Jahren – geschweige denn bei den Königen und Königinnen vergangener Zeiten. Vor diesem Hintergrund sehen wir, dass es ein Hauptgewinn in der Lotterie der Menschheit ist, dass wir heute am Leben sind – so unvollkommen und verrückt diese Welt auch immer sein mag. Aber als Lotteriegewinner finden wir trotzdem Menschen, mit denen wir uns vergleichen. Wir fühlen uns schlechter als andere, sind neidisch oder eifersüchtig. Denken Sie daran, dass es unzählige Faktoren gibt, die beeinflussen, wie sich das Leben eines Menschen entwickelt. Wenn wir diesen großen Kontext der Bedingungen sehen, die einen anderen Menschen dazu bringen, erfolgreicher, berühmter, schöner oder beliebter zu sein, dann können wir diesen vergleichenden Geist loslassen. Zudem wissen wir nicht, was sich hinter der schönen Fassade eines Menschen verbirgt, dem die Welt zu Füßen zu liegen scheint. Als Therapeut habe ich gesehen, was im Herzen von Menschen lauert, die äußerlich erfolgreich erscheinen – Menschen, mit denen sich andere vergleichen und sich weniger wert fühlen.

Es ist wichtig, dass wir als der Mensch leben, der wir sind. Wir wurden geformt vom großen Fluss des Lebens, in dem wir nun fließen. Wir sind geprägt von all den unzähligen Bedingungen, die unseren Lebensfluss geformt haben. Und die meisten dieser Bedingungen lagen nicht in unserer Macht. Aber unser Leben können wir nun so leben, dass wir uns nicht mit anderen vergleichen. In unserem eigenen Leben können wir uns auf das Unterstützende und Nährende konzentrieren. Denn in gewisser Weise sind wir das, worauf wir unsere Aufmerksamkeit richten. Worauf wir unsere Aufmerksamkeit richten, erreicht unseren Geist und unser Gehirn. In der kontemplativen Praxis wird gesagt, dass wir die Tore der Sinne bewachen sollten. Das heißt, wir sollten sorgfältig darauf achten, was wir in unseren Geist hineinlassen, einschließlich ängstlicher, neidischer oder eifersüchtiger Gedanken an andere Menschen. Es ist völlig in Ordnung, wenn wir zehn Mal über einen Fehler oder eine verpasste Gelegenheit nachdenken, aber dann können wir es loslassen.

Sich selbst unterstützen

Bevor wir zu den Meditationen und Übungen in diesem Programm über-gehen, sollten wir noch eine entscheidende Voraussetzung für diese Praxis betrachten. Es ist die Voraussetzung, die es Ihnen ermöglicht, sich selbst zu helfen, sich so glücklich wie möglich zu fühlen, und mit der Tendenz des Gehirns zum Negativen umzugehen. Grundlegend dafür ist, dass Ihnen Ihr eigenes Glücklichsein wichtig wird. Für einige von uns ist dies leichter gesagt als getan. Insbesondere für die Menschen, die das Gefühl haben, dass sie es nicht verdienen, glücklich zu sein – wie wir es zu Beginn dieses Programms schon erwähnt haben. Es ist überraschend, vielsagend und berührend, dass es für viele Menschen so schwierig ist, sich selbst zu unterstützen. Sich selbst zu unterstützen bedeutet nicht, dass man sich gegen andere richtet, sondern einfach, dass man zu sich selbst steht. Wenn wir für uns selbst einstehen, dann können wir uns für das einsetzen, was uns wichtig ist. Denken Sie hierbei auch an die Wirkungen, die die Entscheidungen, die Sie heute treffen, auf Ihre eigene Zukunft haben werden – zum Guten wie zum Schlechten. Es ist zum Beispiel ein ethisches Grundprinzip, dass die Menschen, über die wir die größte Macht haben, auch diejenigen sind, für die wir die größte Verantwortung haben. Auf welchen Menschen in dieser Welt haben Sie den größten Einfluss? Es ist der Mensch, der Sie in Zukunft sein werden, Ihr zukünftiges Selbst. Und diesem Wesen gegenüber haben Sie die größte Verantwortung. Das trifft für jeden von uns zu.

Im Gehirn geht die Unterstützung des eigenen Selbst mit einigen interessanten Prozessen einher. Die allgemeine Sicht, dass es gut und richtig ist, für sich selbst einzustehen, wird im Frontallappen des Gehirns gebildet. Wenn diese Unterstützung für uns selbst eine fürsorgliche, warmherzige, sanfte, mitfühlende, liebevolle Qualität umfasst, dann sind diese Empfindungen mit einer Freisetzung der „wohlwollenden" Hormone wie Oxytocin und Östrogen verbunden, die auch bei Männern vorhanden sind. Es kann zudem zu einer Aktivierung des sympathischen Nervensystems kommen. Das sympathische Nervensystem ist für die Stressreaktion zuständig, deshalb sollten wir darauf achten, dass es nicht chronisch zu stark aktiviert wird. Aber es ist vor allem dann wichtig, wenn wir Stärke mobilisieren wollen, um für uns selbst einzustehen – zum Beispiel, wenn wir ein echtes Problem ansprechen. In einem zufriedenen ausgeglichenen Zustand der Unterstützung für uns selbst wird das parasympathische Nervensystem aktiviert, das für Ruhe und Verdauung zuständig ist. Dieser Parasympathikus gleicht den Sympathikus aus.

In dem Einstehen für uns selbst ist natürlich wichtig, dass es von Weisheit erfüllt ist. In der Geschichte der Menschheit können wir sehen, dass es Menschen gab, die für sich selbst einstanden, aber dadurch sehr negative Wirkungen in die Welt gebracht haben. Wir brauchen zudem die Weisheit, von Dingen, für die wir uns einsetzen, loszulassen, wenn sie sich als Problem für uns selbst und für andere herausstellen. Wann wir an etwas festhalten und wann wir es loslassen sollten, ist eine der wichtigsten Fragen in unserem Leben. Aber nach meiner Erfahrung besteht unser Problem meist nicht in einem zu beharrlichen Eintreten für unsere eigenen Interessen. Die starke und beharrliche Unterstützung für uns selbst, zu der auch ein Handeln nach ethischen Grundsätzen, der fürsorgliche Umgang mit anderen und ein stabiler und weiser Geist gehören, ist aber eher die Ausnahme als die Regel. Wenn dies auch für Sie zutrifft, dann können Sie auf die Widerstände achten, die Sie gegen solch ein Eintreten für sich selbst erleben. Es ist vielleicht ein leichtes Gefühl von Sinnlosigkeit oder Hoffnungslosigkeit, eine Erschöpfung oder Ermüdung oder die Angst vor einem beschämenden Angriff, wenn Sie sich zeigen oder etwas sagen. Für solche Empfindungen gibt es viele Gründe. Viele von uns sind mit der Idee aufgewachsen, dass es falsch, eitel oder ungerecht gegenüber anderen ist, wenn wir auf unsere eigenen Bedürfnisse achten. Es kann auch sein, dass während der Kindheit oder später in unserem Leben der Ausdruck unserer wahren Gefühle und unserer echten Wünsche zu einer beschämenden Reaktion geführt hat, auf die wir wiederum mit Rückzug reagieren. Dafür gibt es ein japanisches Sprichwort: „Der Nagel, der heraussteht, wird tiefer hineingehämmert." Sie können sich also fragen, ob Sie in Ihrem Leben solch einen Hammer zu spüren bekommen haben. Wenn Ihre Bemühungen gescheitert sind oder Sie etwas Schmerzhaftes erlebt haben, das Sie nicht verhindern konnten, dann ist es eine natürliche Reaktion, eine Form der erlernten Hilflosigkeit zu entwickeln. Wie ich schon erwähnt habe, ist es sehr leicht, solch eine Hilflosigkeit zu erlernen, aber sehr schwer, sie wieder loszulassen. Zudem gibt es kulturelle oder religiöse Einflüsse in unserer Erziehung, die es uns erschweren, uns selbst zum Ausdruck zu bringen oder für unsere eigenen Belange einzustehen. Ein Beispiel: Mädchen werden oft so aufgezogen, dass sie die Bedürfnisse anderer vor ihre eigenen stellen. Um diese Tendenzen zu überwinden und sich für die eigenen Belange einzusetzen, brauchen wir eine grundlegende innerliche Ausrichtung, in der wir mit unserem Leben so umgehen, als wäre es wichtig. Dies ist eine Beziehung mit dem eigenen Leben, in der das eigene Glück wirklich wichtig ist. Von anderen falsch behandelt zu werden, ist nicht in Ordnung. Und Sie verdienen die gleiche Fürsorge und das gleiche Wohlwollen wie jeder andere. Im Grunde stehen Sie also für sich selbst ein. Für etwas, das die Dichterin Mary Oliver „Dein eines, wildes, kostbares Leben" genannt hat.

Am Tag Ihrer Geburt wurde Ihnen eine Tasche voller Perlen übergeben, eine für jeden Tag, den Sie leben werden. Jeden Tag geben Sie eine Perle aus und sehen sie nie wieder. Die Perlen in Ihrer Tasche werden immer weniger und eines Tages werden nur 365 übrig sein. Aber die meisten von uns wissen nicht, wann es soweit sein wird, bis wir diesen Tag erleben. Und dann bleiben uns schließlich noch zehn Perlen und letztendlich nur noch eine, bis sie alle ausgegeben sind. Wofür wollen Sie diese Perlen ausgeben? Werden Sie die Perlen für die Ursachen und Bedingungen ausgeben, die zu wahrem Glück für Sie selbst und andere führen? Oder verschwenden Sie die Perlen für Dinge, die Sie nicht wirklich glücklich machen? Tief innen weiß jeder von uns, dass wir unsere Perlen für die Essenz dieser Ursachen und Bedingungen ausgeben wollen, die zu wahrem Glück führen. Dieses wahre Glück ist die tiefste Sehnsucht jedes Menschen. Wie spüren Sie diese Sehnsucht in sich selbst? Was sind die Ursachen und Bedingungen, vor allem jene in Ihrem eigenen Geist und nicht in den äußeren Umständen und in Ihrer Umgebung, die in Ihrem eigenen Leben zu mehr Wohlbefinden, Zufriedenheit und Frieden führen können?

Mögen diese Ursachen und Bedingungen für Sie wachsen. Mögen Sie und die Menschen in Ihrer Umgebung dadurch unterstützt werden. In den Meditationen und Übungen in diesem Programm werden wir viele hervorragende Möglichkeiten kennenlernen, die Ihnen auf diesem Weg helfen können. Lassen Sie uns mit einer einführenden Meditation beginnen, in der es um Glück und Dankbarkeit geht (Track 1 auf der beiliegenden CD).

Gut für sich selbst sorgen

Die Meditationen in diesem Programm bauen aufeinander auf, so dass Sie nacheinander Fertigkeiten erlernen, die sich immer mehr in Ihrem Gehirn einprägen. Aber Sie können die Meditationen natürlich auch in einer anderen Reihenfolge üben. Sie können einige überspringen, andere oftmals wiederholen, so wie es für Sie hilfreich ist. Je mehr Sie die neuronalen Netzwerke, die Glück und Wohlbefinden unterstützen, aktivieren, desto mehr werden sich diese Netzwerke miteinander verbinden. Jede der Meditationen beginnt mit einer kurzen Einführung und dann begeben wir uns in die Übung. Natürlich können Sie das Programm an jeder Stelle anhalten, um mit der jeweiligen Meditation mehr Zeit zu verbringen, bevor meine nächste Empfehlung Sie weiterführt.

Bevor wir beginnen, möchte ich aber darüber sprechen, wie Sie gut für sich selbst sorgen können. Dieses Programm ist natürlich kein Ersatz für eine professionelle Hilfe bei Problemen in Körper, Geist oder Seele. Wir wollen uns in diesem Programm auf sanfte und nährende Aktivitäten beschränken. Trotzdem können manchmal schmerzvolle Erinnerungen aufkommen. Besonders wenn ein Mensch in der Vergangenheit traumatische Erfahrungen gemacht hat oder gerade in einer schwierigen Beziehung ist.

Bei allen Meditationen können Sie die Augen schließen oder offenhalten, Sie können sich Notizen machen, wenn Sie möchten, und Sie können so tief gehen, wie es für Sie angemessen ist. Seien Sie vor allem freundlich zu sich selbst. Fühlen Sie sich frei, einen Teil der Meditation zu überspringen. Sie können mit der Meditation aufhören, wenn es für Sie unangenehm wird. Oder Sie können auch nur bestimmten Anleitungen während der Meditation folgen und selbst entscheiden, wie tief Sie dabei gehen wollen. Für einige Menschen, insbesondere diejenigen mit einer traumatischen Erfahrung in der Vergangenheit, kann das Gewahrsein für den eigenen Körper manchmal überwältigende Gefühle auslösen. Wenn das für Sie zutrifft, dann sollten Sie gut für sich selbst sorgen. Sie können beispielsweise Ihre Aufmerksamkeit auf etwas anderes richten, wie eine Kerze, einen Baum vor dem Fenster oder ein Foto von einem Menschen, der Sie liebt. Aber die meiste Zeit werde ich Ihnen empfehlen, sich etwas bewusst zu werden oder sich einem Aspekt in Ihrem eigenen Geist zuzuwenden. Es ist vollkommen in Ordnung, wenn das für Sie nicht funktioniert. Vielleicht ist es ein Zeichen dafür, dass Sie vorsichtig sein sollten und sich beim Umgang mit diesen Aspekten etwas mehr Zeit lassen können. Es kann auch ein Zeichen dafür sein, dass Sie es noch weiter untersuchen sollten. Gehen Sie mitfühlend mit sich selbst um. Einige Übungen sind vielleicht zu Beginn etwas schwierig oder seltsam, aber mit der Zeit und nach einigen Wiederholungen fallen sie Ihnen leichter und werden wertvoller für Sie. Für jeden Menschen sind andere Aspekte wichtig oder hilfreich. Es ist ganz natürlich, dass Sie einige Meditationen oder Teile davon mehr mögen als andere. Konzentrieren Sie sich auf das, was für Sie unterstützend ist. Am Ende jeder Meditation wird ein Klangschalenton erklingen.

Selbstmitgefühl

In der Meditation zum Selbstmitgefühl werden wir unser Mitgefühl vertiefen. Mitgefühl ist ein grundlegendes Empfinden von Fürsorge und Wohlwollen gegenüber den Schwierigkeiten und Leiden eines Menschen. Mitgefühl ist etwas anderes als Mitleid, das durch eine gewisse Distanziertheit geprägt ist. Zudem schwingt beim Mitleid oft ein Gefühl der Überlegenheit mit. Sympathie kommt der Bedeutung von Mitgefühl schon sehr nahe, wenn es darin keine Distanz oder Überlegenheit gibt. Selbstmitgefühl ist das Empfinden von Fürsorge und Güte für uns selbst. Es ist ein Gefühl der warmherzigen Freundlichkeit und grundlegenden Fürsorglichkeit gegenüber uns selbst. Dazu gehört auch ein Gewahrsein für eine größere Wahrheit: Jeder von uns verdient genauso viel Mitgefühl, wie jeder andere. Mark Loury von der Duke University und andere Forscher haben sehr interessante Studien durchgeführt. Sie haben festgestellt, dass Selbstmitgefühl größere Vorteile für die Gesundheit hat als Selbstwertgefühl. Sie haben auch festgestellt, dass viele der vorhergehenden Studien über Selbstwertgefühl eigentlich Selbstmitgefühl untersuchten. Der Grund dafür ist wahrscheinlich, dass das Selbstwertgefühl eher konzeptuell ist, während Selbstmitgefühl uns emotional erreicht. Selbstmitgefühl spüren wir wirklich im Körper und so hat es eine tiefere Wirkung auf unser Wohlbefinden und unser Verhalten.

Wenn wir die nun folgende Meditation üben, werden wir wichtige Veränderungen ganz tief in unserem Nervensystem anregen. Dies ist auch der Fall, wenn Sie die Fertigkeit des Selbstmitgefühls im Alltag üben, was eigentlich noch wichtiger ist (Track 2).

Der innere Beschützer

In der Meditation über den inneren Beschützer werden wir damit arbeiten, dass das Gehirn bestimmte Skripte oder Modelle bildet, die als Paradigmen der Objektbeziehung zwischen dem Selbst und anderen oder dem Selbst und der Welt bezeichnet werden. Eines der Modelle, mit denen wir aufwachsen und nach denen wir auch als Erwachsene leben, ist eine Grundstruktur mit drei Eigenschaften. Es ist mit den Schauspielern in einem Theaterstück vergleichbar: das innere Kind, die kritischen Eltern und die fürsorglichen Eltern. Oder in einer anderen Bezeichnung das innere Opfer, der Beschützer und der Angreifer. Es ist wichtig zu wissen, dass diese inneren Skripte Tendenzen in uns sind, die sich durch Erfahrungen in unserem Leben entwickelt haben, die diese Skripte in der einen oder anderen Weise verstärkt haben. Und alles, was während des Aufwachsens um uns herum geschehen ist und zu diesem Skript passte, kann dazu führen, dass diese Anteile heute ein Teil unseres Selbst sind. Wenn es in Ihrer Kindheit einen Elternteil gab, der besonders fürsorglich war, und einen anderen, der eher herausfordernd oder gar bestrafend war, dann sind diese beiden Stimmen auch heute noch in Ihnen. Somit gibt es auch heute in Ihrem Geist die Fähigkeit, fürsorglich, schützend, unterstützend und freundlich zu sein. Aber genauso auch die Möglichkeit, herausfordernd, kritisch, streng und sogar gemein zu sein. Diese Anteile oder Teilpersönlichkeiten können sich auf Sie selbst und auf andere Menschen richten.

Diese grundlegenden Aspekte unserer Persönlichkeit sind sehr wichtig, denn fast jeder von uns hat das Gefühl eines verletzlichen inneren Wesens, das sich wie ein Kind anfühlt. Fast jeder von uns hat zudem einen inneren Kritiker, einen Teil unseres selbst, der sehr kritisch, urteilend, aggressiv, streng und manchmal sogar gemein sein kann. Dieser Kritiker kann uns selbst hart bestrafen, aber manchmal richtet er sich auch auf andere. Aber zu wenige von uns haben einen starken, nährenden Beschützer in uns. Stellen Sie sich vor, Sie sitzen auf der Anklagebank in der letzten Anhörung. Ein sehr strenger Ankläger redet auf Sie ein und hält Ihnen all Ihre Fehler vor. Und Ihr eigener Verteidiger, Ihr Beschützer, der sich um Sie kümmern sollte, schläft oder ist schwach oder einfach nur überwältigt von diesem großen kraftvollen

Ankläger. So sieht das Innere des Geistes bei vielen von uns aus. Deshalb ist es sehr wichtig, dieses Gefühl eines inneren Beschützers zu stärken. Die Teile in Ihnen, die auf Ihrer Seite stehen, die Sie unterstützen, Sie ermutigen und auf Ihre guten Seiten schauen. Der Beschützer, der gegen den Ankläger argumentiert und zeigt, wo dieser im Unrecht ist oder einfach ruhig sein soll. Der Beschützer kann den Ankläger in die Schranken weisen, wenn wir die Kritik gehört haben, und es Zeit ist, weiterzugehen.

In der Meditation zum inneren Beschützer werden Sie diesen Teil entwickeln, um auch im Alltag immer mehr darauf zurückgreifen zu können (Track 3).

Worauf können wir uns im Leben verlassen?

Die Meditation „Zuflucht nehmen zu dem, was verlässlich ist" beschäftigt sich mit der Tatsache, dass die meisten von uns Zuflucht oder Glück bei Dingen suchen, auf die wir uns nicht verlassen können. Der Grund dafür ist, dass diese Dinge unbeständig sind. Sie entstehen durch bestimmte Bedingungen und verschwinden leider wieder, wenn sich diese Bedingungen verändern. Wenn wir als Kind glücklich waren, weil wir ein Stück Schokolade aßen, was geschah, als die Schokolade aufgegessen war? Wenn unser Glück auf einer Leistung bei der Arbeit beruht, was tun wir, wenn diese Leistung erreicht ist und wir zum nächsten Projekt übergehen – oder wenn wir in Rente gehen? Wenn wir uns für unser Glück auf äußere und veränderliche Bedingungen verlassen, finden wir keine verlässliche Grundlage für wahres Wohlbefinden.

Denken Sie jetzt einmal an all die Dinge, in denen Sie Glück gesucht haben. Wie oft wurden Sie dabei enttäuscht oder waren frustriert? Die meisten Dinge haben sich als unzuverlässig herausgestellt, nicht wahr? Denken Sie auch daran, wie schnell das Glück vorüber war, das Ihnen diese Dinge gebracht hatten. Sie waren also keine verlässliche Quelle für bleibendes Wohlbefinden, Zufriedenheit und inneren Frieden.

Es ist natürlich vollkommen in Ordnung, im Leben Dinge auszuprobieren, die sich dann als nicht so gut herausstellen. Und es ist auch sinnvoll, sich an Dingen zu erfreuen, wenn sie in unserem Gewahrsein anwesend sind. Aber wenn wir an ihnen festhalten oder denken, dass sie uns nicht nur eine vorübergehende Zufriedenheit, sondern bleibendes Glück und Wohlbefinden im Leben geben, dann folgen wir einer Täuschung. Deshalb können Sie sich selbst fragen, was für Sie im Leben wirklich verlässlich war. Das bedeutet, dass Sie immer darauf zählen und jederzeit dorthin zurückkommen können. Für jeden von uns kann es etwas ganz anderes sein. Für einige ist es ihr Glaube an Gott oder der Glaube an die Vernunft – oder beides. Im Buddhismus nehmen die Übenden Zuflucht zu drei Dingen: Erstens, der Buddha in Gestalt eines Menschen, dem man als Lehrer vertraut, oder der innere Buddha, die innere Weisheit, die in jedem Menschen vorhanden ist. Zweitens, die Lehren der Wahrheit (Dharma) und drittens, die Gemeinschaft der Übenden. Sie selbst können darüber nachdenken, was sich für Sie im Laufe der Jahre als zuverlässig herausgestellt hat. Es könnte die Liebe sein, die Ihnen ein besonderer Mensch immer wieder entgegengebracht hat. Oder es kann die Erfahrung sein, dass Sie aus jeder Schwierigkeit herauskommen, wenn Sie es nur oft genug versuchen. Oder Sie können Zuflucht in die Fähigkeit nehmen, die Wahrheit zu erkennen, selbst wenn andere Menschen Sie vom Gegenteil überzeugen wollen. Vielleicht können Sie auch Zuflucht zu dem Wissen nehmen, dass Sie im Laufe Ihres Lebens guten Absichten folgten. Natürlich hatten Sie nicht nur gute Absichten, aber es ist eine Tatsache, auf die Sie sich verlassen können, dass viele gute Absichten in Ihnen wirksam waren. Wahrscheinlich waren sogar die meisten Absichten im Laufe der Jahre positiv. Das trifft für die meisten Menschen zu. Vielleicht können Sie auch Zuflucht zu einem grundlegenden Gutsein nehmen, das in der Tiefe Ihres Herzens lebt.

Nehmen Sie sich ruhig einen Moment Zeit, um ein oder mehrere Dinge zu finden, die für Sie eine Zuflucht sind. Dinge, von denen Sie wissen, dass Sie sich darauf verlassen können. In der Meditation werden wir eines davon aufgreifen, um diese Erfahrung zu vertiefen (Track 4).

Loslassen lernen

In der Meditation über das Loslassen werden wir eine grundlegende Fähigkeit in unserem Leben vertiefen. Es gibt ein bekanntes Zitat des Meditationslehrers Ajahn Chah: „Wenn du ein bisschen loslässt, wirst du ein bisschen glücklicher. Lässt Du vieles los, bist du viel glücklicher. Wenn du ganz und gar loslässt, dann bist du überaus glücklich." Loslassen ist eine Verkörperung des grundlegenden Nicht-Anhaftens, das wirklich zum Ende des Leidens führt – wie Sie es auch in Ihrem eigenen Alltag erfahren. Loslassen bedeutet aber nicht, dass wir bei Ungerechtigkeit wegschauen oder dulden, dass wir oder andere falsch behandelt werden. Es bedeutet auch nicht, dass wir faul und träge sind. Wir können uns mit Energie und Anstrengung den höchsten Zielen widmen und gleichzeitig die Ergebnisse, die sich auf diesem Weg zeigen, immer wieder loslassen.

In dieser Meditation werden Sie viele kleine Methoden des Loslassens kennenlernen. Wir beginnen mit dem Körper, gehen dann zu den Emotionen und widmen uns dann den Gedanken. Wir werden uns für jede Anleitung etwa zehn oder zwanzig Sekunden Zeit nehmen. Sie können das Programm aber jederzeit anhalten, wenn Sie sich mehr Zeit damit lassen wollen. Ich möchte Ihnen nur einige Möglichkeiten vorstellen, die Sie nutzen können, um ärgerliche oder unangenehme Erfahrungen loszulassen (Track 5).

Eine Inventur der guten Dinge in Ihrem Leben

Als Nächstes werden wir eine Inventur der guten Dinge in Ihrem Leben üben. Dies ist eher eine Übung als eine Meditation – von daher ist diese Übung auch nicht auf der CD. Sie brauchen nur ein Heft oder ein Blatt Papier und einen Stift. Sie haben nun die Möglichkeit, einige Listen mit den guten Dingen in Ihrem Leben anzufertigen, wozu auch Ihre guten Eigenschaften gehören.

Sie können die Übung natürlich auch unterbrechen, wenn Sie mehr Zeit brauchen. Eine gute Idee ist es auch, ausgewählte Menschen in Ihrem Leben zu fragen, einige zusätzliche gute Dinge über Sie oder Ihr Leben zu nennen.

Weil es eine Übung ist, können Sie sehr kreativ dabei sein, ausgewählte Menschen, die Sie lieben und unterstützen und Ihnen helfen wollen, nach Ihren guten Eigenschaften zu fragen. Manchmal ist es erstaunlich, wir sind überrascht von dem, was andere in uns sehen. Manchmal sind es Dinge über uns, die uns kaum bewusst waren aber wirklich positiv sind. Der Rahmen dafür ist, dass es nur um Tatsachen geht. Es ist keine Schönfärberei oder die Kraft des positiven Denkens, es ist eine Inventur. Wie in einem Laden, in dem man schaut, was in den Regalen steht. Welche guten Dinge stehen im Regal Ihres Lebens? Wichtig sind dabei vor allem die guten Eigenschaften in Ihnen. Sie sind einfach so gerecht und objektiv gegenüber sich selbst, wie Sie es sonst bei anderen Menschen wären.

Lassen Sie uns beginnen.

Sie haben etwas zum Schreiben?

Die erste Liste heißt: Die guten Dinge in meinem Leben.
Beginnen Sie einfach mit dem Schreiben. Sie müssen keine Aufsätze schreiben, einzelne Wörter sind oft am effektivsten.
Was sind heute einige der guten Dinge in Ihrem Leben?
Im Verlauf der Übung werde ich verschiedene Bereiche ansprechen.

Als Erstes: Was ist gut an Ihrer Wohnung? Ein Dach über dem Kopf? Heißes Wasser? Funktionierende Toiletten? Der Kühlschrank? Das sind alles gute Dinge!

…

Was sind einige der guten Dinge in Ihrer Wohnung? Das Essen? Die Kleidung? Die Stereoanlage? Die Bücher? Die Kunstwerke?

…

Was ist das Gute an den Menschen, mit denen Sie leben, wenn Sie mit jemandem zusammenleben? Wenn Sie allein leben, können Sie diese Frage einfach auslassen.

…

Nun begeben wir uns aus Ihrer Wohnung heraus und betrachten, was das Gute an Ihren Freunden und Ihrer Familie ist.

…

Gut. Was ist das Gute an Ihrer Arbeit? Dazu gehört auch die Arbeit, die Sie momentan tun, egal ob Sie in einer Firma arbeiten oder die Kinder großziehen und sich um den Haushalt kümmern. Was ist das Gute daran?

…

Schauen Sie nun auf Ihr Leben als Ganzes und vor allem auch auf Aspekte, die ich ausgelassen habe. Was ist gut in Ihrem Leben?

…

Nun können wir von Ihrem Leben zu Ihnen selbst übergehen. Ich werde jetzt einige der vielen Dinge vorschlagen, die gut an Ihnen sein könnten. Fühlen Sie sich vollkommen frei, mit dieser Übung in andere Richtungen zu gehen. Ich schlage nur einige Worte vor, und Sie können spüren oder erkennen, inwieweit diese Aspekte bei Ihnen zutreffen.

* Aufrichtig …
* Sich Mühe geben …
* Im Grunde ehrlich …
* Bereit, die Wahrheit anzuerkennen, selbst dann, wenn es schwer ist …
* Sinn für Humor …
* Bereit, anzuerkennen, wenn das eigene Verhalten korrigiert werden muss …
* Bereit, das auch gegenüber anderen zuzugeben …
* Auf das Beste hoffen – optimistisch …
* Neugierig …

* Kreativ …

* Starke Vorstellungskraft …

* Geschickt bei vielen Dingen …

* Ständig bereit zu lernen …

* Gerecht …

* Fürsorglich …

* Großzügig …

* Hilfsbereit …

* Treu …

* Berührt von Schönheit …

* Unvoreingenommen …

* Vom Guten in jedem Menschen angezogen …

* Das Staunen wertschätzen, das man spürt,
  wenn man in einer klaren Nacht die Sterne sieht. …

* Im Grunde ein guter Mensch …

Heben Sie sich die Listen am besten auf und holen Sie sie immer mal wieder heraus, um Sie sich anzuschauen und gegebenenfalls zu ergänzen.

Der große Raum des Gewahrseins

In der nächsten Meditation, die ich „Der große Raum des Gewahrseins" nenne, werden wir untersuchen, wie wir Dinge, die uns unglücklich machen, im weitesten und weisesten Raum des Gewahrseins halten können. Ich schlage vor, dass Sie diese Meditation mit einer Sache üben, die Ihnen gerade Sorgen bereitet oder Sie verärgert. Oder etwas, das immer wieder hochkommt und ein Problem für Sie ist, auch wenn Sie es im Moment nicht fühlen. Gehen Sie bei der Wahl des Themas fürsorglich mit sich selbst um. Und beenden Sie diese Übung, wenn es für Sie unangenehm wird. Die Sorge oder das Problem, das Ihnen auf der Seele liegt, werde ich in dieser Übung als „das Ärgernis" bezeichnen.

Setzen Sie sich zu Beginn wieder bequem hin, so dass Sie entspannt und wach sind. Sie können Ihre Augen schließen oder offenlassen. Wenn es für Sie unangenehm wird, ist es manchmal hilfreich, wenn Sie die Augen öffnen (Track 6).

Auf der eigenen Seite stehen

Die nächste Meditation heißt „Auf der eigenen Seite stehen". Wie wir schon zu Beginn dieses Programms besprochen haben, wollen wir alle glücklich sein. Aber trotzdem gibt es oft einen inneren Widerstand dagegen, den Sie vielleicht in den Meditationen auch schon gespürt haben.

Damit Sie sich so glücklich wie möglich fühlen und in einem tiefen, verlässlichen, unerschütterlichen Wohlbefinden verwurzelt sein können, muss Ihnen Ihr eigenes Glück zunächst einmal am Herzen liegen. Für viele von uns ist das leichter gesagt als getan.

Diese Meditation hat vier Teile, bei zweien davon können Sie etwas aufschreiben. Legen Sie sich also etwas zu schreiben zurecht. Wir werden die neuronalen Netzwerke entspannen, die verhindern, dass Sie Ihr wahres Selbst in der Welt zum Ausdruck bringen. Wir werden Ihren Willen stärken, mit dem Sie die Wurzeln Ihres kostbaren Lebens nähren können (Track 7).

Umgang mit Ärger

Solange wir noch nicht vollkommen erleuchtet sind, wird es immer Ärger in unserem Leben geben. Sie rufen irgendwo an, wo Sie zwanzig Minuten in der Warteschleife bleiben. Jemand in Ihrer Familie tut etwas, das Ihnen Sorgen bereitet. Sie haben eine frustrierende oder enttäuschende Erfahrung bei der Arbeit. Sie stehen im Stau und kommen zu spät zu einer Besprechung. Und so weiter. Das Leben ist einfach manchmal ärgerlich. Deshalb ist es gut, zu wissen, dass es einige Möglichkeiten gibt, die Sie in solchen Situationen einsetzen können. Nach 35 Jahren Erfahrung in der Arbeit mit Menschen habe ich neun verschiedene Möglichkeiten formuliert, wie Sie mit etwas Ärgerlichem umgehen können, das Ihr Glück und Ihr Wohlbefinden beeinträchtigt. Ich werde diese neun Möglichkeiten nun aufzählen, einige davon haben wir in den Meditationen und Übungen in diesem Programm schon geübt.

Rufen Sie sich zu Beginn etwas ins Bewusstsein, das Ihnen Sorgen bereitet. Entweder etwas, das Sie in diesem Moment erfahren oder ein Thema, das immer wieder hochkommt. Auch hier werden wir es als das „Ärgernis" bezeichnen.

Die erste Möglichkeit besteht darin, Mitgefühl für sich selbst zu spüren. Wir haben in diesem Programm schon mit dem Selbstmitgefühl gearbeitet. Wenn etwas Ärgerliches geschieht oder Sie sich an ein solches Ereignis erinnern, können Sie als Erstes eine Warmherzigkeit für sich selbst wachrufen. Sie gestehen sich ein, dass es wehgetan hat. Aua, das tut weh. Oder: Das ist hart! Das ist kein Selbstmitleid, Sie verlieren sich nicht in diesem Ärger oder Schmerz. Sie geben sich selbst einfach die menschliche Qualität des Mitgefühls, wie Sie es bei jedem Menschen tun, der Ihnen am Herzen liegt. Wenn eine Freundin anruft und Ihnen sagt, „Weißt du, was mir gerade passiert ist?", und ihre Geschichte erzählt, dann wäre die erste Reaktion Ihres Herzens wahrscheinlich Mitgefühl für Ihre Freundin. Sie sagen vielleicht: „Oh, das tut mir leid."

Eine zweite Möglichkeit besteht in der Anerkennung des größeren Kontextes. Denken Sie an die vielen Dinge, die zu dieser Situation geführt haben. Das betrifft das Handeln anderer Menschen und all die Aspekte, die zu Ihrer Reaktion beigetragen haben. Denn in der Tat sind wir meist Nebendarsteller in den Dramen anderer Menschen. Wir können das Handeln anderer kaum beeinflussen: Sie gehen grob mit uns um, unterbrechen uns, vergessen uns, rufen nicht zurück, machen uns klein oder was auch immer. Der Grund dafür ist oft, dass sie gerade mit unübersichtlich vielen Dingen in ihrem Leben zu tun haben. Einige dieser Dinge reichen bis in die Kindheit zurück, andere reichen mehrere Generationen zurück – sie werden zum Beispiel davon beeinflusst, wo ihre Urgroßeltern aufgewachsen sind. All diese Dinge wirken bis heute weiter und haben mit dazu beigetragen, dass sie heute mit Ihnen in einen Konflikt geraten. Das bedeutet nicht, dass solche Konflikte nicht unangenehm sind. Aber es bedeutet ganz sicher, dass Sie den größeren Kontext sehen können.

Es gibt eine bekannte Parabel mit dem Titel „Die Parabel vom Baumstamm", die diesen Punkt gut illustriert. Stellen Sie sich vor, Sie sitzen mit einem guten Freund in einem Kanu und fahren auf einem ruhigen Fluss. Sagen wir, es ist Sonntag und Sie haben Ihre besten Kleider angezogen und wollen zu einem Sonntagspicknick fahren. Dafür haben Sie schmackhafte Speisen und gutes Geschirr mitgenommen. Sie fahren also so schön ruhig dahin und plötzlich gibt es einen Schlag an die Seite Ihres Kanus, es dreht sich und Sie und Ihr Freund fallen ins kalte Wasser. Sie sind klatschnass und all die guten Sachen liegen jetzt am Grund des Flusses. Als Sie sich umschauen, sehen Sie zwei Teenager mit Schnorcheln, die sich an Ihr Kanu herangeschlichen und es umgeworfen haben. Wie fühlen Sie sich?

Und nun die zweite Variante: Die gleiche Situation, das Kanu im ruhigen Fluss, Ihr Freund, es ist Sonntag und Sie sind auf dem Weg zum Picknick. Es ist wunderbar, Sie haben eine schöne Zeit zusammen. Sie erfreuen sich an Ihrer Sonntagskleidung und freuen sich auf das Picknick mit guten Speisen und feinem Geschirr. Und plötzlich gibt es einen Schlag, das Kanu dreht sich, Sie liegen im Wasser und all Ihre Sachen für das Picknick liegen am Grund des Flusses. Sie kommen klatschnass an die Oberfläche und schauen sich um: Dieses Mal sehen Sie einen riesigen Baumstamm, der bis hierher getrieben wurde und Ihr Kanu gerammt und Sie und Ihren Freund ins Wasser geworfen hat. Wie fühlen Sie sich jetzt? Sehen Sie einen Unterschied?

In unserem Leben sind andere Menschen oft einfach nur wie große Baumstämme. Sie greifen Sie nicht persönlich an, sie begegnen Ihnen einfach nur in irgendeiner Situation Ihres Lebens. Natürlich ist es nicht angenehm, wenn man ins Wasser geworfen wird. Es ist unangenehm, wenn etwas geschieht, das uns verärgert oder uns Sorgen macht. Aber meistens bedeutet es nicht, dass Sie das Ziel eines Angriffs sind. Es gab unzählige Dinge, die heute zu dieser Situation führten. Weiter stromaufwärts gab es vielleicht unzählige Baumstämme, von denen nun einer Ihr Kanu getroffen hat.

Die dritte Methode ist, dass wir Mitgefühl mit den anderen Beteiligten empfinden können. Vielleicht mögen Sie diese Menschen nicht oder Sie können nicht gutheißen, was sie getan haben. Aber wenn Sie trotzdem Mitgefühl mit ihnen haben, dann werden Sie sich besser fühlen. Sie geben dem anderen keine Freikarte, um ein unangenehmer Mensch zu sein. Stattdessen können Sie durch Mitgefühl dafür sorgen, dass Sie sich besser fühlen. Und Sie stellen sich dadurch auch nicht auf eine Stufe mit demjenigen, der Sie angegriffen hat. Zudem waren auch diejenigen, die Sie geärgert haben, auch einmal kleine Kinder. Manchmal ist es hilfreich, sich einen Menschen, der Sie sehr ärgert, zum Beispiel auch einen Politiker, als kleinen Jungen oder kleines Mädchen vorzustellen. Oder stellen Sie sich das tiefere Wesen dieses Menschen vor. Vielleicht wurden Sie wirklich angegriffen und Sie müssen etwas tun, um sich zu schützen. Aber Sie können auch Mitgefühl dafür empfinden, wer dieser Mensch ist und wie er in der Tiefe seines Wesens selbst leidet.

Es gibt eine bekannte Geschichte oder Parabel über den Buddha. Die Geschichte sagt, dass der Buddha in einer seiner früheren Inkarnationen in einer Zeit, wo die Tiere sprechen konnten, ein Gorilla war. Und zu dieser Zeit verlief sich ein Jäger in dem Wald, in dem der Buddha als Gorilla lebte. Der Jäger fiel in ein tiefes Loch. Er rief tagelang um Hilfe, aber niemand hörte ihn. Schließlich hörte ihn der Gorilla, kam zu dem Loch und schaute herunter. Der Jäger rief: „Hol mich hier raus! Hol mich aus dem Loch!" Der Gorilla kletterte in das tiefe gefährliche Loch und sagte zu dem Mann: „Ich werde dich hier herausbringen. Aber zuerst muss ich mit großen Steinen üben, um sicher zu gehen, dass ich dich auch unbeschadet hier herausbringen kann." Der Buddha stieg wieder aus dem Loch und rollte immer schwerere Steine in das Loch und trug sie wieder heraus. Das tat er solange, bis er sich sicher war, dass er den Mann unbeschadet aus dem Loch tragen konnte. Der Gorilla kletterte in das Loch, nahm den Mann in den Arm und trug ihn mit großer Anstrengung aus dem Loch. Beide erreichten sicher den Boden am Rand des Loches. Der Mann sah den Gorilla an und sagte: „Du hast mich aus dem Loch geholt, kannst du mich auch aus dem Wald führen?" Der Gorilla sagte, „Ja, das kann ich, aber erst einmal muss ich mich etwas ausruhen. Ich habe all die Steine ins Loch geschleppt und dann wieder herausgetragen und am Ende dich herausgebracht. Ich muss jetzt eine Stunde schlafen." Der Mann wartete also und dachte über sein Leben außerhalb des Waldes nach und vertraute immer mehr darauf, dass er schließlich aus dem Wald herauskommen wird. Dann sah er den Gorilla an und bemerkte, wie hungrig er war, da er einige Tage im Loch gewesen war. Der Mann dachte: „Das ist doch nur ein Gorilla, ein Tier. Ich könnte einen dieser großen Steine nehmen, die er ins Loch und wieder herausgeschleppt hat, und ihn auf seinen Kopf fallen lassen. Ich könnte ihn töten und essen. Dann werde ich wieder kräftig sein und selbst aus diesem Wald herauskommen." Der Mann nahm einen der schweren Steine, hielt ihn hoch und warf ihn auf den Kopf des schlafenden Buddha-Gorillas. Sie können sich vorstellen, wie sich der Gorilla gefühlt haben muss: Sie sind erschöpft, ruhen sich aus und plötzlich trifft Sie ein schwerer Stein am Kopf. Glücklicherweise wurde der Buddha-Gorilla durch den Stein nicht getötet. Er setzte sich erstaunt auf, das Blut lief ihm über das Gesicht. Noch etwas benommen verstand er allmählich, was geschehen war. Er sah den Mann an und mit Tränen tiefen Mitgefühls, die aus seinen Augen flossen, sagte er kopfschüttelnd: „Du Armer, nun wirst du nie glücklich werden."

Bei dieser Geschichte bekomme ich jedes Mal eine Gänsehaut, denn es sind zwei wichtige Botschaften darin enthalten: Es zeigt die Möglichkeit, dass jeder von uns solch ein Mitgefühl für die Menschen in unserem Leben empfinden kann, die uns falsch behandelt haben oder uns in Schwierigkeiten gebracht haben. Es ist ein Mitgefühl, das aus dem besten Teil unseres Selbst kommt. Zweitens erzählt uns die Geschichte, dass wir letzten Endes selbst nicht diejenigen sind, die Recht sprechen müssen. Andere Menschen, die uns falsch behandeln oder uns verletzen, fügen sich selbst Schaden zu. Vielleicht dauert es eine Weile, aber es wird wieder zu ihnen zurückkommen. Mit anderen Worten: Tief in ihrer eigenen Erfahrung und oft auch in den Ereignissen ihres Lebens wird das, was uns Menschen antun und der Geisteszustand, aus dem sie es tun, wieder zu ihnen zurückkommen. Wir müssen also keine Rache nehmen.

Nun können wir uns die vierte Möglichkeit anschauen: Die Bedeutung der Ereignisse richtig einschätzen. Auf einer Skala des Schlimmen von eins bis zehn sind die meisten Dinge im Leben nur bei eins oder zwei. Aber wir denken, sie wären bei sechs oder sieben. Manchmal ist es wirklich eine sieben oder acht, aber wir leugnen es oder merken gar nicht, wie wichtig etwas eigentlich ist. Um Ihre Reaktion auf Ereignisse in Ihrem Leben einzuschätzen, können Sie sich fragen: Wie wichtig ist das wirklich? Werde ich mir in einer Woche, in einem Monat oder in einem Jahr noch Sorgen darüber machen? Wenn nicht – warum sollte ich mir dann heute darüber Sorgen machen?

Eine weitere Frage: Wie viele Menschen werden davon betroffen sein? Ist es dauerhaft, unumkehrbar oder lösbar? Wie wichtig ist es wirklich? Versuchen Sie, das Ereignis in Ihrem eigenen Geist einzuschätzen. Auch in der Beziehung zu anderen Menschen ist dies eine sehr gute Möglichkeit. Zu Kindern kann man zum Beispiel sagen: „Auf einer Skala des Schlimmen von null bis zehn, wie schlimm ist es wirklich?" Oft sagen sie dann: „Naja, es ist bei eins oder zwei." Sie können dann fragen: „Wie sieht es mit der Skala des Ärgers aus?" Sie antworten dann vielleicht: „Da ist es definitiv eine sieben oder acht." Dabei können sie sehen, wie die beiden Skalen auseinandergehen: Wie schlimm das Ereignis wirklich ist und wie sehr Sie sich darüber ärgern.

Sie können diese Möglichkeiten jedes Mal auf etwas anwenden, das Sie momentan ärgert oder in der Vergangenheit bei Ihnen Ärger ausgelöst hat.

Als Fünftes können wir nun darauf achten, welche Voraussetzungen wir haben. Situationen und Ereignisse geschehen und treffen auf eine Art Vorverstärker in unserem Geist, der das Geschehen intensiviert und oft auch verzerrt.

Bestimmte Ereignisse können uns negativ prägen, so dass wir dann in Situationen, die uns an dieses auslösende Ereignis erinnern, überreagieren. Oder es hängt auch von körperlichen Faktoren ab: Vielleicht sind wir hungrig, müde, krank oder haben Schmerzen. Übrigens können chronische Schmerzen Menschen dazu veranlassen, intensiver auf kleine Auslöser zu reagieren. Eine weitere Voraussetzung ist unser Temperament. Vielleicht neigen wir zu Angst, Melancholie oder Wut. Diese Prädisposition des Temperaments kann wiederum unsere Reaktion auf ein Ereignis färben. Deshalb können drei Menschen drei unterschiedliche Reaktionen auf ein Ereignis haben. Die letzte Voraussetzung, an die wir denken sollten, ist unsere eigene Kindheit. Jeder von uns war einmal ein Kind und unsere Kindheit ist die längste unter allen Tieren des Planeten. In der Kindheit lernen wir viel und das meiste davon geschieht auf sozialer und emotionaler Ebene und nicht beim Lesen, Schreiben und Rechnen. Es ist lebenswichtig, dass wir das Erlernte mit uns tragen. Manchmal sagen Menschen: „Ach komm, das ist doch nur etwas aus deiner

Kindheit, da müsstest du doch längst darüber hinwegsein." Dabei meint man wohl, dass wir das, was wir in einer Zeit gelernt haben, in der wir Informationen besonders tief aufnehmen, irgendwie wieder verlernen könnten. Das geschieht aber nicht so leicht, denn meist sind diese Prägungen unbewusst und in irgendeiner Weise bilden sie den Filter, durch den wir gegenwärtige Ereignisse betrachten.

Wir können auf diese Voraussetzungen oder „Vorverstärker" achten: Kindheit, Temperament, Physiologie und prägende Ereignisse. Dadurch können wir unsere Wahrnehmung korrigieren. Ich weiß zum Beispiel von mir selbst, dass ich nach einem langen Tag manchmal etwas gereizt bin. Wenn ich dann nach Hause komme, sage ich mir: „Pass auf Rick, du bist gereizt, bleib ruhig." Dann betrete ich das Haus mit etwas mehr Achtsamkeit und passe auf, weil ich etwas gereizt und dünnhäutig bin.

Die sechste Methode ist das Loslassen. In diesem Programm haben wir dem Loslassen eine ganze Meditation gewidmet, deshalb werde ich jetzt nicht so viel darüber sagen. Sie können sich die Abkürzung „EKG" merken, die in diesem Fall für Emotionen, Körper und Gedanken steht. Anhand dessen können Sie überlegen, wie Sie in den Emotionen, den Körperempfindungen und Glaubenssätzen loslassen können, statt darin gefangen zu sein.

Die siebte Methode nutzt den Raum, der übrig bleibt, wenn wir etwas loslassen. Denn wenn wir etwas loslassen, wollen wir auch etwas bekommen. Wir wollen positive Dinge aufnehmen, zum Beispiel positive Emotionen, positive Körperempfindungen und positive Gedanken. In diesem Programm haben wir zum Beispiel über den inneren Beschützer gesprochen. Sie können also die positive Qualität des inneren Beschützers hereinbringen, wenn Sie schmerzvolle Gefühle losgelassen haben, die Sie empfinden, weil andere Sie schlecht oder herablassend behandelt haben. Wir haben auch viel über friedvolle und glückliche Gefühle gesprochen, die wir nach dem Loslassen in das Feld des Gewahrseins bringen können.

Wenn Sie losgelassen haben, sind Sie eigentlich in einer sehr guten Ausgangsposition, damit neue gute Dinge wirklich tief aufgenommen werden können. Denn im Geist – und damit auch im Gehirn – gibt es dann mehr Raum.

Eine besonders gute Zeit, um positive Einflüsse hereinzubringen, ist der Moment vor dem Einschlafen. Denn zu dieser Zeit bereiten wir uns fast hypnotisch darauf vor, loszulassen. Und dadurch können positive Dinge die ganze Nacht über in uns einsinken. Es kann also hilfreich sein, wenn wir uns vor dem Schlafengehen einige Minuten Zeit nehmen, um positive Körperempfindungen, Emotionen und Gedanken ins Gewahrsein zu holen. Eine strukturierte Möglichkeit dafür ist das Aufsagen von Sätzen der liebenden Güte für uns selbst kurz vor dem Schlafengehen: Möge ich sicher, glücklich und frei von Leiden sein. Möge ich gesund sein und mit Leichtigkeit leben.

Die achte Methode besteht darin, die Dinge im großen Raum des Gewahrseins zu halten. Wir haben eine Meditation dazu geübt und wir können die Kraft darin sehen. Denn jeder von uns ärgert sich manchmal, aber es ist ein Unterschied, ob eine Bowlingkugel in eine Pfütze, in einen See oder ins Meer fällt. Wenn man die Kugel in die Pfütze wirft, dann gibt das einen Riesenknall, aber wenn man die Kugel in den See wirft dann gibt es ein paar Spritzer und die Kugel ist weg. Der offene Raum des Gewahrseins kann wie ein See oder wie das Meer sein. Und die ärgerliche Erfahrung kann wie eine Bowlingkugel sein, die in das tiefe Meer geworfen wird.

In diesem großen Raum des Gewahrseins können wir auch sehr leicht einen Prozess betrachten, den man als „Selbsten" bezeichnen kann. Darin sehen wir das Selbst nicht als ein Substantiv, sondern als ein Verb oder eine Aktivität, die im Geist aufgrund von Bedingungen entsteht und wieder abnimmt. Es ist also keine feste Entität. Sie können ärgerliche Erfahrungen eher als vorübergehende Ereignisse sehen, wie das schlechte Wetter oder Baumstämme, die der Fluss zufällig gegen Ihr Kanu treibt. Sie müssen sie nicht als Ich und meines sehen. Sie müssen nicht die Anteile betonen, die sich auf Ihr Selbst beziehen, weil Sie die Wirkung erfahren. Sie können die Ereignisse stattdessen unpersönlicher betrachten: Es sind Gedanken und Gefühle, die durch Ihren Geist schweben. Es sind Ereignisse, die durch Ihr Leben gehen. Dabei können Sie alles in einem weiten Raum halten. Wie Zweige, die in kleinen Wasserstrudeln mitgezogen werden, die sich schließlich auflösen. Dann werden Sie glücklicher sein und mehr Wohlbefinden erfahren.

Die neunte und letzte Methode ist ein Plan. Handeln Sie zum Guten für sich selbst. Manchmal kann dieses weise Handeln darin bestehen, dass Sie nichts tun, sondern einfach mit dem sind, was ist, und etwas für die Zukunft lernen. Zu anderen Zeiten müssen Sie wirklich etwas tun. Wenn Sie zum Beispiel einen Apfel haben wollen, dann können Sie nichts machen, dass der Baum Ihnen eine Frucht gibt. Aber Sie können sich den Ursachen der Frucht zuwenden. Sie können sich also einen kleinen Setzling besorgen und einen guten Ort finden, um ihn einzupflanzen. Sie graben ein Loch, düngen den Boden und setzen den Baum vorsichtig ein, gießen ihn regelmäßig, halten ihn von Schädlingen frei. Und schließlich wird Ihnen der Baum schmackhafte Äpfel schenken. Sie können die Resultate nicht kontrollieren, Sie können sich aber den Ursachen zuwenden. Wenn Sie sich über etwas ärgern oder wenn Sie sich Sorgen über etwas machen, dann können Sie eine Liste all der Dinge machen, die Sie tun können, um die Situation zu verbessern. Sie können sich auf die Ursachen konzentrieren, die Sie tatsächlich beeinflussen können. Wenn Sie so auf die Ursachen geachtet haben, dann müssen Sie sich keine Sorgen über die Ergebnisse machen, denn darauf haben Sie keinen Einfluss. Aber es ist eine große Integrität in einer Haltung, in der wir nicht passiv sind, sondern für uns selbst handeln und einen Plan machen.

Diese neun Methoden habe ich nun schrittweise beschrieben. Manchmal gehen Sie vielleicht nacheinander durch alle neun Methoden, meistens werden Sie aber nur einige davon anwenden. Aber es ist sehr gut, zu wissen, dass es diese verlässlichen Möglichkeiten gibt, um sich den Ursachen des eigenen Wohlbefindens zuzuwenden.

Glück als Ihr natürlicher Zustand

Die letzte Meditation trägt den Titel „Nach Hause kommen zum Glück". Bei all den unterschiedlichen Methoden, Fertigkeiten und Hilfsmitteln, die wir kennengelernt haben, können wir auf die Idee kommen, dass wir Glück „machen" oder „herstellen" können. Man muss nur die Schaltzentrale des Gehirns exakt einstellen, damit es gut funktioniert. Etwa so, wie man einen teuren Ferrari einstellt, damit er optimal fährt. Aber solch eine Herangehensweise führt uns in die Irre. Zum Einen ist der natürliche Ruhepunkt des Gehirns ein ruhiges zufriedenes Wohlbefinden. Was für ein Mensch sind Sie, wenn Sie sich ausgeruht und sicher fühlen und keine Schmerzen oder Sorgen haben?

Sie sind wahrscheinlich ziemlich angenehm. Das trifft auch für die meisten anderen Menschen zu, wenn sie keine Schmerzen oder Sorgen haben, nicht bedroht werden, nicht frustriert, ärgerlich oder enttäuscht sind. Wie erleben Sie die Menschen in solch einem Zustand? Sie sind in der Regel sehr umgänglich.

Hierbei ist es interessant, dass der grundlegende Ruhezustand des Körper-Geist-Systems durch das parasympathische Nervensystem gesteuert wird, das für Ruhe und Verdauung zuständig ist. Es ist Teil des autonomen Nervensystems, das die Reaktion der Organe auf die sich verändernden Bedingungen regelt. Es ist so etwas, wie das Thermostat des Körper-Geist-Systems. Der Gegenspieler des parasympathischen Nervensystems ist das sympathische Nervensystem, das für Aktivität, aber auch für Kampf, Flucht und die Stressreaktion zuständig ist. Wenn man das sympathische Nervensystem durch eine chirurgische Operation trennt, was bei extremen Erkrankungen nötig sein kann, dann lebt der Mensch weiter. Dieser Mensch wird sicher nicht gut auf einen Autounfall reagieren können und in einem Streit mit dem Nachbarn nicht so gut argumentieren können. Aber er kann weiterleben und funktionieren. Wenn man aber das parasympathische Nervensystem operativ durchtrennt, dann wird der Mensch kurz darauf sterben. Denn dieser Teil des Nervensystems, der für Ruhe, Verdauung und Regeneration sorgt, ist lebensnotwendig. Ruhe und Zufriedenheit sind also für unser Überleben wichtiger als Kampf oder Flucht. In Ihrem eigenen Körper-Geist-System ist Ruhe und Zufriedenheit der natürliche Zustand.

Aber es gibt noch einen tieferen Aspekt. In den Meditationen haben Sie vielleicht in verschiedener Weise die Natur des Gewahrseins selbst gespürt. Ist es nicht interessant, dass das Gewahrsein nicht festhält? Das Gewahrsein hat eine subtile Güte für die Sinnesobjekte, die in ihm auftauchen. Hier erleben wir auf einer tieferen Ebene ein grundlegendes Sein, dem Frieden, Nicht-Anhaften, Nicht-Leiden und Güte innewohnt. Das ist das Gewahrsein selbst.

Und wir können noch einen Schritt weitergehen. Viele Menschen und ich gehöre auch dazu, haben das Empfinden, dass es einen absoluten, fundamentalen, transzendenten Grund des Seins gibt, in dem alles erscheint. Man kann es als Gott, das Große Geheimnis oder mit irgendeinem anderen Namen benennen. Aber unsere tiefste, grundlegendste Natur ruht in diesem Urgrund. Es ist völlig in Ordnung, wenn Sie mit dieser Erfahrung nicht übereinstimmen. Aber wenn Sie diese Erfahrung nachempfinden können, dann eröffnet sich eine weitere Möglichkeit für das Empfinden, dass unser wahres Zuhause das Glück ist.

Leider bringen uns so viele Dinge dazu, dieses Zuhause, unsere wahre Natur als Glück, zu verlassen. Zwei der stärksten Dinge sind die Sorgen über die Zukunft und die nachtragenden Gedanken über die Vergangenheit. In dieser Meditation werden wir nun zu einem gewissen Teil diese Gedanken an die Zukunft und die Vergangenheit loslassen und immer tiefer in unserem wahren Zuhause ruhen: dem Glück (Track 8).

Zum Autor

R ick Hanson ist Neuropsychologe und Lehrer, der an der Schnittstelle von Psychologie, Neurologie und kontemplativer Praxis arbeitet. Er ist Autor des Buches *Das Gehirn eines Buddha* – ein Bestseller, der in 20 Sprachen übersetzt wurde und im Arbor Verlag erschienen ist. Er lehrt an Universitäten und Meditationszentren in den USA, Australien und Europa.

Eine Übersicht der Seminare und Weiterbildungen mit Rick Hanson im deutschsprachigen Raum finden Sie unter *www.arbor-seminare.de*

© Stephanie Mohan

Zum Sprecher

© Susanne Baur

Lienhard Valentin praktiziert seit 30 Jahren Vipassana-Meditation und ist als Kursleiter international in der Integration von Achtsamkeit und Mitgefühl in Familie, Therapie und Gesellschaft tätig. Er arbeitet eng zusammen mit Rick Hanson, Jon Kabat-Zinn, Christopher Germer und anderen führenden Vertretern achtsamkeitsbasierter Verfahren. 2011 hat er die Ausbildung *Achtsamkeit leben – Achtsamkeit lehren* ins Leben gerufen, die von Arbor Seminare an verschiedenen Orten in Deutschland und Österreich angeboten wird.

Geführte Übungen und Meditationen

CD 1

1 Glück und Dankbarkeit   19 Minuten

2 Selbstmitgefühl   14 Minuten

3 Ihr innerer Beschützer   16 Minuten

4 Zuflucht nehmen zu dem, was verlässlich ist   4 Minuten

CD 2

5 Loslassen   21 Minuten

6 Der große Raum des Gewahrseins   11 Minuten

7 Auf der eigenen Seite stehen   21 Minuten

8 Nach Hause kommen zum Glück   9 Minuten

Die Ratschläge zur Selbstbehandlung in diesem Buch sind vom Autor sowie dem Verlag sorgfältig erwogen und geprüft worden. Dennoch kann eine Garantie nicht übernommen werden. Bei ernsthafteren oder länger anhaltenden Beschwerden sollten Sie auf jeden Fall einen Arzt, Psychotherapeuten, Psychologen oder Heilpraktiker Ihres Vertrauens zu Rate ziehen. Eine Haftung des Autors oder des Verlages für Personen-, Sach- und Vermögensschäden ist ausgeschlossen.

Weitere Literatur zum Thema

Rick Hanson mit Richard Mendius

Das Gehirn eines Buddha

Die angewandte Neurowissenschaft
von Glück, Liebe und Weisheit

Das Gehirn eines Buddha weist uns wirksame Wege,
wie wir Liebe, Weisheit und wahres Glück in
unserem Leben erfahren können, und erklärt uns
auch physiologisch, wie und warum das funktioniert.
Gestützt auf jüngste Forschungsergebnisse zeigt uns Rick Hansons
Klassiker, wie wir unser Gehirn stimulieren und stärken können, um zu
erfüllenderen Beziehungen und zu einem stärkeren Gefühl von innerem
Vertrauen und Wert zu finden.

ISBN 978-3-86781-025-8

Rick Hanson

Just One Thing

So entwickeln Sie das Gehirn eines Buddha

Just One Thing gibt uns 52 kurze, kraftvolle Tipps und Tricks an die Hand, wie wir trotz Stress und alltäglicher Herausforderungen ein friedliches und erfülltes Leben führen können. Rick Hanson zeigt uns, wie wir unsere Zeit und Energie gezielt nutzen können, um unser Gehirn zu stärken und unser Herz zu öffnen.

Just One Thing hilft uns,
• gut zu uns selbst zu sein,
• das Leben so zu genießen, wie es ist,
• auf unsere eigenen Stärken zu bauen,
• Stress und schwierigen Gefühlen zu begegnen,
• den Arbeits- und Familienalltag zu genießen.

ISBN 978-3-86781-140-8

Rick Hanson

Selbstgesteuerte Neuroplastizität

Der achtsame Weg, das Gehirn zu verändern

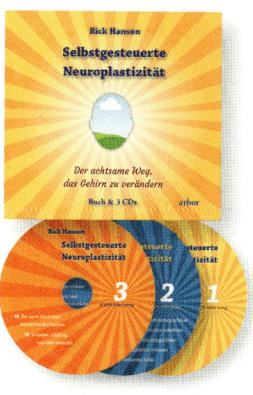

Selbstgesteuerte Neuroplastizität ist das praktische Trainingsprogramm für die gezielte Kultivierung positiver Geisteszustände. Gelassenheit und Zufriedenheit sind erlernbar. Wir können sie einladen, „bei uns zu verweilen", und sie so zu einer inneren Eigenschaft werden lassen.

In *Selbstgesteuerte Neuroplastizität* stellt uns Rick Hanson die praktischen Übungen und Meditationen vor, die es uns ermöglichen, das Glückspotential unseres Gehirns voll und ganz zu entfalten.

Buch und 3 CDs
ISBN 978-3-86781-118-7

Seminare

Die gemeinnützige *Arbor-Seminare gGmbH* organisiert regel-mäßig Seminare und Weiterbildungen mit Rick Hanson und weiteren führenden Vertretern achtsamkeitsbasierter Verfahren. Nähere Informationen finden Sie unter:

www.arbor-seminare.de

Online

Umfangreiche Informationen zu unseren Themen, ausführliche
Leseproben aller unserer Bücher, einen versandkostenfreien
Bestellservice und unseren kostenlosen Newsletter.
All das und mehr finden Sie auf unserer Website.

www.arbor-verlag.de

Mehr von Rick Hanson
www.arbor-verlag.de/rick-hanson